La vente est un sport de haut niveau

La vente est un sport de haut niveau

Nicolas Verdoni

La vente est un sport de haut niveau

© 2025 Nicolas VERDONI

Édition : BoD · Books on Demand, 31 avenue Saint-Rémy,
57600 Forbach, bod@bod.frr

Impression : Libri Plureos GmbH, Friedensallee 273, 22763 Hamburg (Allemagne)

ISBN : 978-2-3225-6112-4
Dépôt legal : Janvier 2025

Nicolas Verdoni

LA VENTE EST UN SPORT DE HAUT NIVEAU

Réflexions sur les clés du succès commercial

« On voit partout chez vous l'ithos et le pathos. »
Molière

La vente est un sport de haut niveau

SOMMAIRE :

La vente est un sport de haut niveau

AVANT-PROPOS

La vente est sport de haut niveau. Pourquoi donc proposer pareille assertion ?

Parce que je pense que c'est vrai, la vente est réellement un sport de haut niveau.

Dans son document « Référentiel de compétences du sportif de haut niveau ou professionnel », l'Agence Nationale du Sport, créée en 2019, identifie 10 savoir-être du sportif de haut niveau qui sont : adaptabilité, ambition, concentration, contrôle de soi, créativité, fiabilité, persévérance, réactivité, résilience et rigueur. Ils sont tous transposables à l'activité commerciale. Tous. Ce même document propose une définition de la compétence : « *La compétence du sportif de haut niveau est entendue comme la combinaison et la mobilisation d'un ensemble approprié de ressources personnelles (connaissances, savoir-faire, savoir-être...) et de ressources externes (collègues, experts, autres métiers, bases de données, bibliographies...) pour gérer un ensemble de situations de référence dans un contexte donné, afin de produire des résultats satisfaisant à certains critères de performance.* » On peut dans cette définition aisément remplacer sportif de haut niveau par commercial sans que cela ne gêne. D'ailleurs, ils sont légion les sportifs, anciens ou encore en activités, qui font des conférences en entreprise pour apporter leur vécu et le transposer aux défis de leurs auditoires.

La vente est un métier parce qu'elle désigne l'exercice par une personne d'une activité dans un domaine professionnel, en vue d'une rémunération, ou encore, selon le Larousse, la vente est une « *activité sociale définie par son objet, ses techniques, etc...* » Et en tant que métier elle exige des savoirs, des savoir-faire et des savoir-être spécifiques en lien avec son objet.

Ce qui différencie le métier de la vente de bien d'autres métiers, c'est selon moi l'incertitude. Pour imiter la maxime attribuée à Platon je dis : ce qui est sûr, c'est que rien n'est sûr. Car la vente intègre une dimension d'incertitude liée à sa nature même. Qui peut être sûr de vendre et de continuer à vendre ? Même les types de vente basés sur des process récurrents, comme par exemple les contrats renouvelables (assurance, maintenance, prestations diverses, etc...), les abonnements (téléphone, box TV, titres de transports en commun, etc...), les baux commerciaux, ou autres, incluent dès leur conception des modalités de fin de contrat ou de rupture anticipée.

Le mieux pour vendre c'est de savoir qui veut acheter quoi. Dans ce registre, on distingue souvent deux types de marketing : le marketing de l'offre, dont l'objet est d'identifier les cibles et segments de clientèles envisageables pour une offre existante, et le marketing de la demande qui analyse le marché pour tenter de comprendre ce qu'il veut en vue de le lui fournir.

La vente n'est pas troc ou échange car la vente consiste en une prestation ou une livraison moyennant contrepartie financière. L'argent est donc une donnée consubstantielle de la vente et avec l'argent s'ouvre le champ des possibles, des excès et des phantasmes, des filouteries et des escroqueries, des émotions comme de la froide raison.

Il est vrai aussi que la vente, pas sa nature, met en jeu des mécanismes relationnels dans lesquels un ou plusieurs de ses protagonistes peut se surimpliquer émotionnellement ou pécuniairement. Cette surimplication, quelle qu'en soit la manifestation, pourra, de fait, faire l'objet d'une exploitation orientée, pour ne pas dire inappropriée ou immorale.

Mais on ne saurait décemment résumer la vente à ce type de pratiques.

Il en va de la vente comme du reste, certains praticiens sont dans l'excellence, d'autres dans la performance et d'autres dans une espèce de somnolence, voire de défiance. Pour certains la vente est une fin, pour d'autres un moyen.

A l'heure où j'écris ces lignes, même si les algorithmes prennent une place croissante dans les transactions, la vente demeure un phénomène humain impliquant des humains entre eux. La place centrale de l'humain dans le processus de vente accrédite l'idée que l'ensemble des caractéristiques humaines entre en ligne de compte dans les rouages d'une opération de vente.

L'humain est capable du pire comme du meilleur (moralement s'entend), et la vente n'échappe pas à cette caractéristique. En cela qu'elle est d'essence profondément humaine la vente est elle aussi capable du pire comme du meilleur. Il existe donc logiquement un spectre qualitatif qui va d'une version restrictive, bas de gamme, moyennasse, de ce processus, à une version plus aboutie, plus complète, plus exigeante, ou encore, plus inspirante. Et ça n'est, toujours selon moi, pas une question de diplôme, d'intelligence, de statut, de hiérarchie ou de secteur d'activités. C'est une question d'engagement, de croyances, de motivation, de sens, de recherche, d'auto affirmation. Alors peut-être peut-on s'autoriser, aussi surprenant que cela puisse être, à lier vente et désir spinozien, vente et expression de l'effort humain pour déployer sa propre existence. La vente pourrait alors être perçue comme l'une des expressions du *conatus*.

Le sujet ici n'est pas de « philosopher » sur la vente, mais d'introduire l'idée que la vente ne se résume pas aux clichés, trop souvent péjoratifs, qu'elle véhicule. L'activité commerciale peut, et finalement doit, proposer la meilleure version d'elle-même. Une version moderne, enrichie des expériences et constats qu'une analyse, une pratique, ou les deux, permettent. Une version constructive, créative, épanouissante, solide, et éthique.

Alors, comment faire ?

En connaissant, en comprenant, et en faisant.

Chacune de ces 3 idées fera l'objet d'une partie de ce livre.

En première partie, connaitre consistera à analyser le rôle et les enjeux du commercial. En deuxième partie, comprendre s'attachera à montrer quels sont les leviers d'action du commercial au travers de la posture, de la confiance, de l'influence et du pouvoir. Et enfin en troisième partie, nous examinerons les 4 axes de différenciation au travers de la méthode des 4P.

Mais avant cela je souhaite partager quelques constats.

Je travaille au quotidien depuis presque 20 ans avec des forces de vente, et cette fonction de consultant en performance commerciale me permet d'observer ce qui se fait, d'entendre ce qui se dit, de constater ce qui est constatable, et de livrer ce qui est commandé.

La **vente** c'est sérieux, c'est même dans le Code Civil à l'alinéa premier de l'article 1582. C'est un processus dont l'objet est la recherche d'une **décision** entre un vendeur et un acheteur, décision par laquelle l'acheteur obtient le transfert à son profit de la propriété d'un bien ou d'un service, contre le versement au vendeur d'un prix en argent. En cela on l'a vu, elle n'est pas troc ou échange car la nature même de la convention entre le vendeur et l'acheteur est basée sur l'argent. Elle n'est pas non plus négociation puisque la négociation est la recherche d'un accord, notamment par un jeu de concessions et de contreparties, entre plusieurs parties qui ont des intérêts divergents. On peut donc vendre sans négocier, mais pas négocier sans vendre.

Il existe bon nombre de types de vente différents : vente aux particuliers/vente aux professionnels, vente directe/vente indirecte, vente transactionnelle/vente relationnelle, vente physique/vente en ligne, vente au détail/vente en gros, vente de service/vente de produit, vente provocatrice, vente collaborative, vente sociale, etc, etc...

Tous ces types de vente ont certes des différences (parfois uniquement dans l'esprit de leur inventeur, mais c'est une autre histoire) mais aussi et surtout des points communs. Quel que soit le contexte, le marché, la méthode, la cible, le produit, la technologie, le canal, **la vente reste dans tous les cas l'art d'influencer pour convaincre.**

Cela fait de la vente une activité parfaitement comparable à bien d'autres. Au même titre que d'autres, elle nécessite des compétences, des appétences, des savoirs, de la formation, du cadre, de la méthode, de la dynamique, de la volonté, de la technique, de l'écoute, de l'empathie, de la curiosité, du zèle, de l'entrainement, de la remise en question, etc... En un mot : du travail.

Et comme la vente est comme le reste, alors elle en a les mêmes caractéristiques : elle change, elle évolue, s'amende, se cabre, se défend, se perd, se retrouve, se cherche. Elle n'est plus entièrement ce qu'elle a longtemps été et n'est pas encore totalement ce qu'elle sera peut-être longtemps. Dans un monde où changement rime avec chamboulement, il y a un défi particulièrement prégnant qui réside dans la capacité des Hommes et des structures à imaginer le sens et le contenu de la fonction commerciale. Stress inhibant pour certains, stimulant pour d'autres, cette situation impose à ses acteurs d'accepter que les solutions d'hier ne sont pas celles de demain, ni même celles d'aujourd'hui, voire même celle de cet après-midi. Les solutions, quelles qu'elles soient, semblent toutes avoir en commun d'être court-termistes. Or cette difficulté à imaginer l'avenir, à se projeter vers une situation future améliorée, représente la première source de stress et d'égocentrisme.

En matière de changement ce qui est important c'est de se poser des questions et de se poser les bonnes : qu'est-ce qui change ? Comment se manifeste le changement ? Où se situe mon seuil de perception du changement ? À quel type de changement avons-nous affaire ? Quelles sont les conséquences du changement ?

Le changement est une dynamique naturelle et, on peut le penser, perpétuelle, à laquelle tout et tout le monde est confronté. L'idée n'est pas d'éviter le changement ou de faire comme s'il n'existait pas ; mais bien plus de le considérer pour ce qu'il est, tout en essayant d'en être l'acteur pour l'orienter, ou a minima un spectateur qui en retire un certain bénéfice.

Le changement n'est pas monolithique, il y en existe de différents types. Je vous propose donc une approche à 2 niveaux : changement de type 1 et changement de type 2.

▶ à quel type de changement avons-nous affaire ?

Cette question de la nature du changement est peu ou pas assez posée. Or, elle est fondamentale. La réponse à cette question permet de cibler et adapter notre conduite du changement. Je dis bien conduite, car le changement n'est pas un phénomène que l'on subit par essence. On peut (et parfois on doit) décider de changer, ou encore d'accompagner un changement dont nous ne sommes pas à l'origine. L'expression « conduite du changement » n'est pas un oxymore idéaliste, mais bien plus une décision proactive.

La théorie générale des systèmes (Ludwig von Bertalanffy) et la cybernétique (Norbert Wiener) ont mis en évidence dans les années 1950 une distinction dans les natures de changement des systèmes complexes. Grégory Bateson, dont les travaux ont donné naissance à l'approche de Palo Alto, s'est appuyé sur ces réflexions afin de mieux comprendre l'évolution des personnes ou des systèmes humains qu'elles composent. Il a parlé de deux types de changement : le changement de type 1 et le changement de type 2.

La recherche de solution face à un phénomène de changement ne doit pas faire l'économie de l'examen du type de changement.

Alors, 1 ou 2 ?

Le changement de type 1 est celui qui répond à la question : qu'est-ce que je dois changer pour que rien ne change ? Ce changement déploie des solutions pour revenir à une situation ou un équilibre antérieur au changement. Il est l'expression manifeste d'une résistance au changement dans la durée. Il n'y a pas à proprement parler de transformation des mentalités ou des modes de relations. Les efforts menés permettent de s'accommoder, de s'adapter aux évolutions de l'environnement ou d'une situation.

Exemple (très prosaïque) : je suis dans une pièce chauffée à 20 degrés et la température de mon corps est à 36 degrés. Je dois sortir et la température extérieure est de 5 degrés. La question est : que dois-je faire pour que, malgré le changement de 20 à 5 degrés, mon corps reste à 36 degrés ?

- Réponse A : ne pas sortir.
- Réponse B : sortir et résister le plus longtemps possible, quitte à faire des grands moulinets avec mes bras, courir, taper dans mes mains.
- Réponse C : sortir en mettant un manteau.

Réponse C, évidemment.

Mettre un manteau constitue une réponse facile, logique et accessible et permettra de revenir à la situation antérieure une fois que l'on sera sorti dehors.

Dans ce cas la résistance au changement est faible ou inexistante. Le changement de type 1, se caractérise par un degré d'ouverture important au départ du projet. Degré qui décline au fur et à mesure du temps qui passe car, dans le fond, les pratiques restent les mêmes.

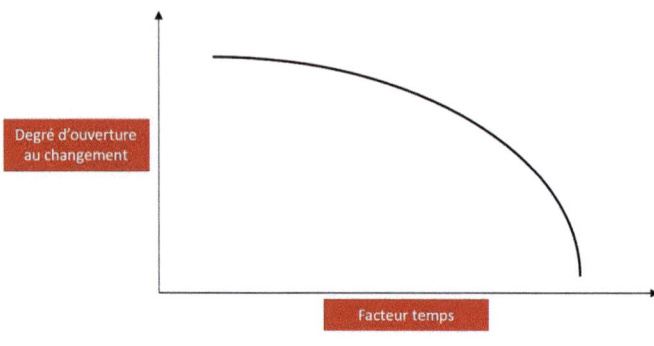

(Raymond Vaillancourt)

Le changement de type 2 répond quant à lui à la question : qu'est-ce que je dois changer pour le Tout change ? Ce type de modification remet en cause les acquis tant personnels qu'organisationnels. Il modifie les équilibres, et les façons de faire avec l'environnement, qui ont prévalus avant le changement.

On trouve de nombreuses organisations qui souhaitent voir leurs collaborateurs prendre des initiatives et faire preuve d'autonomie, mais moins qui parviennent à produire ce type d'évolution. Un changement de type 2, avec une telle demande, doit amener l'encadrement à repenser son rôle et sa manière d'être en relation avec ses collaborateurs. Un tel type de changement modifie la répartition habituelle du pouvoir, débloque les statu quo et fait apparaître des fonctionnements inconnus jusque-là.

Les changements de type 2 viennent transformer la culture des individus ou des organisations qui les développent. Contrairement au changement de type 1, ils entraînent un faible degré d'ouverture au changement à l'origine du processus. Cependant cette ouverture va croissant chemin faisant.

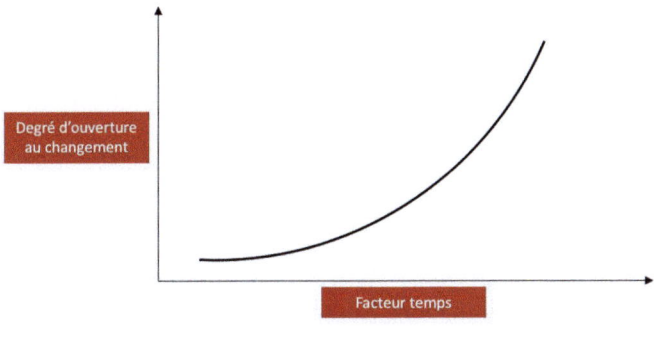

(Raymond Vaillancourt)

Pour faire le lien entre changement et commercial, je décris cette situation vécue il y a quelques années.

Je suis à cette époque consultant pour un réseau national de vente de menuiseries au particulier. Je me trouve dans l'un des magasins du réseau et je discute avec un commercial. Ce dernier me dit en substance qu'il est de plus en plus dur de vendre et que cela vient globalement du fait que les clients ont changé, les produits ont changé et les concurrents ont changé. Ce à quoi je réponds : « Et toi, as-tu changé ? ». Fin de la discussion, début du travail.

Ce court exposé a pour intention d'introduire l'idée majeure que le changement, important ou pas, est omniprésent et que ça risque de durer.

Racontons une histoire, celle de Jean-François. Jean-François né en août 1935, à Béziers dans l'Hérault. Dernier enfant d'une fratrie de 3, il grandit au soleil du midi entre ses deux sœurs, sa mère très présente et son père grand capitaine d'industrie. La vie est simple, la famille ne manque de rien. Jean-François est entouré de l'amour des siens. Il va à l'école, fait ses devoirs et aide dès qu'il le peut sa maman à préparer les repas. Il est heureux comme peut l'être un bambin dans une famille unie. Il n'a pas encore 4 ans lorsqu'il apprend un nouveau mot : guerre ;

et par encore 5 quand il apprend défaite, humiliation, occupation. Juin 1940, la France est balayée par l'armée allemande. Le temps s'est figé, comme si quelqu'un avait mis un soldat de plomb dans un engrenage de l'horloge du premier étage. Béziers est en zone libre, mais Jean-François apprend encore un nouveau mot : privation. Puis, c'est en 1942, un 11 novembre il s'en souvient, que les boches passent pour la première fois devant la porte de la maison de la famille. Jean-François a 7 ans, il les trouve raides et pas rigolos du tout. Il apprend de nouveaux mots : couvre-feu, pénurie, rationnement, délation, collaboration, dénonciation, torture, « papire biteux », « chnel ». La nourriture manque, l'essence aussi. Les chaussures ne sont plus ressemelées on met du carton dur à la place, les vêtements difficilement reprisés. L'école est fermée parce que le professeur ne vient plus, on ne sait pas trop ce qu'il est devenu, mais les nouvelles ne sont pas bonnes. On mange moins et moins bien, on ne voit plus trop les copains ni la famille. On se débrouille, on s'adapte, on invente des nouvelles recettes avec moins d'ingrédients, on imagine des choses nouvelles. Maman a planté un potager au fond du jardin. Parce qu'il fallait trouver de la place pour mettre les légumes de saison, elle a sacrifié les rosiers que sa propre grand-mère avait plantés, là près de la lavande et le romarin. C'est maman qui fait la classe à ses 3 enfants pendant que papa fabrique et vend des gros trucs très compliqués à des gens très très sérieux. Et puis vient ce jour de 1944, 3 jours avant son anniversaire, où Béziers se vide de ses allemands. Il fait beau, le vent souffle mais pas trop. Le temps se relance. On fête, on jubile, on chante, on s'embrasse, on s'aime. Jean-François comprend alors ce qu'il entendait quand les grands parlaient ou quand son père écoutait cette radio qui faisait un bruit bizarre : libération, vie nouvelle, espoir, de Gaulle, résistance. Petit à petit la vie reprend un cours normal. Jean-François retrouve ses camarades P'tit Louis et Gabin. Ses sœurs sont de nouveau coquettes, les garçons trouvent ça encourageant. Sur le fronton de la mairie il y a un drapeau tricolore, comme avant, quand les frilolins n'étaient là pour nous empêcher d'être heureux. Tout n'est pas rose, y'a qu'à demander à cette famille dont les 2 oncles et 3 cousins ne sont toujours pas revenus, mais Jean-

François s'en moque un peu, il n'y peut rien et puis ce qu'il veut c'est vivre comme avant, vivre tout simplement. Il dit que plus tard il sera comme son père, un grand ingénieur et qu'il construira des avions qui iront très très haut dans le ciel et même peut-être l'espace. Il dit aussi qu'il est content que tout ça ait changé. Il en avait marre de pas trop rigoler. Il reçoit un colis de son cousin de Carcassonne. Dedans il y a des biscuits. Ils sont secs parce que le colis a été envoyé il y a 2 mois, mais qu'est-ce que c'est bon des biscuits. Ses premiers depuis 2 ans. Secs ou pas, il les dévore. Puis vient ce jour d'août 1949, c'est le départ pour la capitale. Pas celle de sa région, non ; celle de la France : Paris !

Nous sommes tous des Jean-François. Candide gamin ou adultes responsables, nous sommes tous confrontés au changement. Ce qui est arrivé à Jean-François, cette paix balayée par une guerre inéluctable et une défaite minable, puis le retour à la joie et l'espérance, nous le vivons tous. Jean-François n'a pas fait les mêmes choses avant la guerre et pendant la guerre. Lui, sa famille et des millions de personnes se sont adaptés au changement.

La concurrence économique croissante apparente le passé à un doux temps de paix. Combien de commerciaux est-ce que j'entends dire : « Quand j'ai commencé, il suffisait de... et maintenant c'est plus difficile. » On ne fait pas les mêmes choses en temps de paix qu'en temps de guerre. Le concept de guerre économique reflète le climat actuel (et pas nouveau) dans lequel agissent les forces de vente qui deviennent de ce fait des armes au service de l'atteinte d'objectifs.

Parce que c'était la guerre, Jean-François a changé, et les autres, ceux qui n'ont pas accepté de changer, l'ont payé cher. Dans le commerce comme ailleurs, ne pas changer représente un risque qu'il est bien trop aventureux d'assumer. Changer est un devoir, une réalité, une opportunité.

PREMIÈRE PARTIE : RÔLES ET ENJEUX DU COMMERCIAL

Faisons tout de suite une nuance : le vendeur vend, il réalise un acte de vente ; le commercial quant à lui vend, mais travaille aussi en amont de la vente (il prospecte), et en aval de la vente (il fidélise). Le rôle du commercial étant plus étendu, il requiert des profils plus complets que pour des vendeurs.

On peut cependant souligner que certaines forces de vente sont organisées en 2 populations plus ou moins distinctes : les éleveurs et les chasseurs. Les premiers exploitent un portefeuille de clients, les seconds sont centrés sur l'acquisition de clients.

On peut aussi identifier différents titres qui correspondent à des fonctions et des périmètres précis : commercial, chargé de clientèle, ingénieurs d'affaires, attaché commercial, technico-commercial, etc...

Le Commercial Grands-Comptes (Key Account Manager, ou KAM) est souvent perçu comme le commercial le plus prestigieux. Il requiert en effet des compétences particulières liées à la « vente complexe ».

1.1 Les enjeux du commercial

L'enjeu c'est que l'on peut gagner ou perdre en faisant quelque chose.

Si l'on adhère à l'idée de l'importance capitale du rôle du commercial, alors on conclut facilement que les enjeux du commercial sont très importants.

L'enjeu pour le commercial est d'assurer une quantité et une qualité de travail dans la durée. Il est d'identifier ses priorités et adapter son effort commercial. Il est d'être efficient (rapport entre que l'on fait et ce l'on obtient) et d'optimiser son travail, c'est-à-dire obtenir le meilleur résultat possible de chacune de ses actions.

Pour y parvenir, le commercial doit conjuguer des contraintes d'un côté, avec des zones de (relative) liberté d'un autre côté.

1.2.1. Les contraintes

Ce sont les obligations créées par les règles en usage dans un milieu, ou par les lois propres à un domaine, ou encore par une nécessité.

Retenons que la contrainte représente tout élément restreignant ou orientant la liberté d'action du commercial.

On peut distinguer les contraintes personnelles, celles qui sont liées à l'individu et à sa sphère privée ; et les contraintes professionnelles, celles qui sont liées à l'entreprise et son environnement.

L'entreprise n'a pas de responsabilité directe concernant la première catégorie, mais elle peut cependant en tenir compte pour partie. La prise en compte des contraintes extra professionnelles est une décision importante puisqu'elle introduit des paramètres nouveaux, et moins maitrisables dans la gestion du collaborateur. La prise en compte d'éléments de la sphère privée représente un risque mais est parfois quasi incontournable dans les entreprises où l'emploi est en tension.

Il est à noter que l'évolution récente montre que les candidats ou les nouveaux entrants sur le marché du travail, prennent en compte, voire imposent, leurs contraintes (ou aspirations) personnelles dans le processus de recrutement, et plus généralement dans leur vision de la sphère professionnelle.

La prise en compte, ou le niveau de prise en compte, représente en soi un acte managérial fort.

Les contraintes du commercial

SPHÈRE PERSONNELLE

- Cadre familial
- Parentalité
- Motivation
- Situation pécuniaire ou patrimoniale
- Centres d'intérêt
- Fatigue

CONTRAINTE

SPHÈRE PROFESSIONNELLE

Éléments internes :

- Organisation
- Culture d'entreprise
- Encadrement
- Objectifs
- Moyens
- Priorités
- Pression
- Stress

Éléments externes :

- Concurrence
- Réglementation

1.2.2. Les zones de liberté

On peut affirmer que dans l'immense majorité des configurations ou organisations, le commercial bénéficie de zones de liberté assez importantes. Appelons-les : autonomie.

Cette remarque ne vaut pas pour la vente dite « one shot », c'est-à-dire dont le but est de vendre le plus cher possible dès le premier (et seul) rendez-vous. Ce type d'approche commerciale impose une mono pensée quasi totale : une seule façon de faire, une seule façon d'être, une seule façon de parler, de se présenter, de faire le pdm (passage de main), etc...

Dans ce cas il n'y a qu'un seul axe : prospecter au maximum en vue de créer du contact actif, créer l'urgence (pour qu'il n'y ait pas de concurrence et donc pas de possibilité de comparer), se mettre en scène, faire une grosse remise commerciale en utilisant le passage de main, vendre, et si on ne vend pas s'autoriser la « politique de la terre brûlée ». La méthode devient caricaturale, et, au fond, très enfermante. Le commercial n'a aucune autonomie, ou pour être plus précis, il est maintenu en phase de dépendance (voir plus bas).

Revenons aux autres, ceux qui ont des zones de liberté et leur corollaire l'autonomie : ça se mérite.

L'autonomie peut se décrire comme un cycle (Katherine Symor).

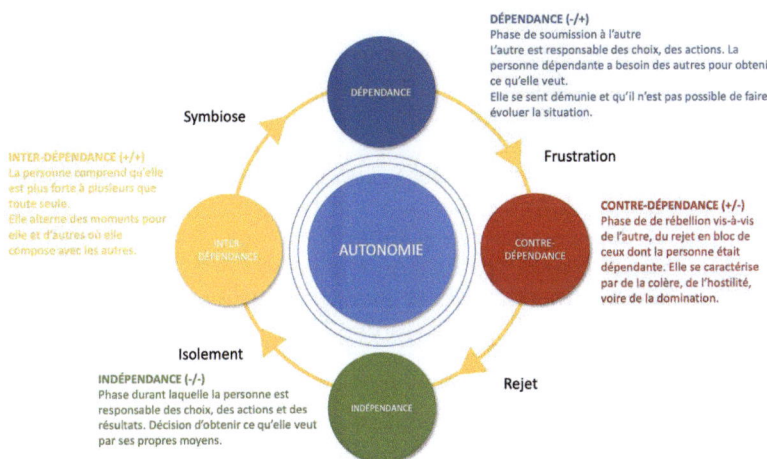

L'individu passe par 4 phases successives.

Si on les examine dans le milieu professionnel on peut distinguer :

1) LA DÉPENDANCE : La responsabilité incombe à l'autre. Ce premier stade procure sécurité, protection, cadre et règles de vie. Il présume aussi de la reconnaissance positive ou négative. C'est la période d'apprentissage. La jeune recrue est formée, prend connaissance des process, s'éveille à la singularité de l'entreprise. Elle s'approprie les méthodes internes de travail.

2) LA CONTRE DÉPENDANCE : le collaborateur se construit et affronte sa hiérarchie. Symbolisée par l'adolescence et ses révoltes typiques, la contre dépendance est aussi un état de besoin, mais un besoin d'agir de manière autonome. Pour autant, la personne n'a pas encore les moyens de sa dépendance. Elle s'informe et cherche, elle-même, de nouvelles ressources, aiguise son sens de la critique et engage son libre arbitre. Cette période se caractérise par des refus, des oppositions. Bref, la voix s'élève contre l'autorité. Le collaborateur se construit, il apprend à assumer ses responsabilités et ose sa solitude. Un jeune premier soucieux de balayer les vieilles pratiques commerciales désuètes se place clairement au stade de la contre dépendance.

3) L'INDÉPENDANCE : le professionnel s'affirme et s'épanouit. Phase de l'expérimentation, l'indépendance favorise la prise de risques et la validation des acquis. Le cordon de la tutelle est coupé. Le junior ne sollicite plus ses aînés, il teste ses limites, explore de nouveaux systèmes. C'est en les découvrant que le passage au niveau supérieur se fera. Le collaborateur prend conscience de ses valeurs et façonne son unicité. Il prend la responsabilité de ses choix, décisions et de ses résultats. À l'instar de son manager, il accepte l'erreur comme partie intégrante du processus d'apprentissage et de l'indépendance. En effet, il doit sentir le soutien de sa hiérarchie dans cette prise d'autonomie. Véritable étape de séparation et de maturité avancée, elle se traduit parfois par une démission et le démarrage d'une nouvelle aventure professionnelle.

4) L'INTERDÉPENDANCE : dernier palier du cycle de l'autonomie : la voie royale vers la cohésion d'équipe. Le « je » devient « nous ». Le jeune collaborateur (même s'il a un peu vieilli depuis la première phase) accepte qu'il a besoin de l'autre et réciproquement. Il est désormais en phase de co-construction, il partage, donne et reçoit pour le bien-être de l'équipe, au bénéfice du client et de la qualité de service. Le collectif et la notion de coopération prennent tout leur sens, le management participatif, toute sa valeur. Les performances décuplent.

Ainsi est-il illusoire de parler de l'autonomie comme d'un état stable, une sorte de palier qui serait atteint et sans retour en arrière possible. La personne en interdépendance sera de nouveau confrontée tôt ou tard à une phase de dépendance - totale ou partielle- lors de la sortie d'un nouveau produit par exemple, ou l'ajout de nouvelles cibles ou de nouveaux segments dans sa clientèle, ou encore l'arrivée d'un nouveau concurrent (ou un changement important chez un concurrent déjà existant).

Actons donc que les zones de liberté sont celles de la phase dans laquelle se trouve un collaborateur.

Actons aussi que le rôle du manager (c'est en tout cas celui du coach) pourra simplement consister à favoriser le passage de son collaborateur d'une phase à une autre.

Identifier un processus, et avec lui les phases qui le ponctuent, n'a pas pour objet d'enfermer les individus dans l'une d'entre elles, mais bien plus de permettre de poser un diagnostic.

En effet :

- en déterminant et caractérisant la phase dans laquelle se trouve l'individu, on décrit la situation actuelle,
- en décrivant l'enchainement des phases et en caractérisant chacune d'elle, on est capable d'identifier la phase qui suit

celle dans laquelle se trouve l'individu, et donc la situation recherchée,
- en poursuivant l'analyse, on est capable de constater les écarts entre ces 2 phases, et avec cela de déterminer précisément les moyens (et le calendrier) à mettre en œuvre pour passer dans la phase suivante.

Les zones de liberté se confrontant aux contraintes et les contraintes étant différentes dans le milieu personnel et dans le milieu professionnel, il va de soi que le commercial, c'est-à-dire l'individu pris dans son milieu professionnel, présente des profils et des comportements très variés.

1.2.3 Comprendre et accepter sa mission

L'enjeu pour le commercial est de se positionner personnellement, honnêtement (je parle ici d'honnêteté intellectuelle) et durablement face aux caractéristiques et aux attendus de son rôle.

En dézoomant davantage, l'enjeu pour le commercial est de donner du sens à sa mission et d'exprimer le besoin d'être acteur de cette mission.

Encore faut-il que le sujet soit bien posé et que le niveau de connaissance du commercial soit bon. Si l'on sait à quoi l'on sert et qu'on l'accepte, on est en bonne situation pour identifier les moyens d'accomplir sa mission et de surcroit de diagnostiquer notre capacité à le faire compte-tenu de nos caractéristiques.

Nous abordons donc en suivant 3 sujets : le rôle du commercial, les actions du commercial et enfin le profil type du commercial.

1.2 Un commercial ça sert à quoi ?

Ça sert avant tout à générer de la marge pour faire tourner l'entreprise. Ça sert à faire gagner de l'argent.

La preuve, en deux applications :

APPLICATION 1

Il n'y a qu'à regarder le haut d'un compte d'exploitation : il calcule la marge brute, et cette marge brute se calcule en retranchant du chiffre d'affaires le coût d'achat des marchandises vendues.

Produits d'exploitation
    Chiffre d'affaires HT vente de marchandises
    Chiffre d'affaires HT services
Charges d'exploitation
    Achats consommés

Marge brute

A la suite du Compte d'Exploitation, c'est de cette marge brute que seront soustraites les autres charges.

Donc si la marge brute n'est pas satisfaisante, le reste le devient aussi, mécaniquement.

Or qui est responsable du chiffre d'affaires ?... Les commerciaux.

Donc si les commerciaux ne sont pas efficients, la société ne l'est pas, ou pas autant qu'elle le pourrait.

APPLICATION 2

Le point mort est le montant de chiffre d'affaires nécessaire pour couvrir le seuil de rentabilité (la somme des frais fixes), à taux de marge brute donné.

Imaginons une entreprise dont le seuil de rentabilité annuel s'établit à 950.000€.

Si le taux de marge brute est de 50%, le point mort est atteint à 950.000€/50% = 1.900.000€. Il faut 1,9M€ de chiffre d'affaires pour être à l'équilibre, soit 160.333€/ mois.

Imaginons maintenant que les commerciaux lâchent 3% de remise (à niveau d'achat inchangé). La marge brute tombe à 47%, et le chiffre d'affaires nécessaire pour être à l'équilibre monte alors à 2.021.127€, soit 168.333€/mois.

Ramené à une année, il faut 2.021.127€ – 1.900.000€ = 121.127€ de chiffre d'affaires supplémentaires, soit les 3 quarts d'un mois de chiffre d'affaires.

Le fait de baisser la marge brute de 3%, impose de travailler pratiquement 1 mois de plus sur une année !

Ces deux constats ancrent, ou réhabilitent deux idées :

- Idée 1 : les entreprises ayant du mal à préserver leurs marges commerciales, elles s'appuient sur le « levier des achats ». C'est l'effet qui met en évidence l'idée qu'un gain sur les achats a beaucoup plus d'impact économique (sur la marge brute et sur le résultat brut) qu'un gain sur les ventes. En voici une illustration :

Le levier des achats

			Situation de départ	Gain de 5% sur les achats	Quel C.A. pour le même résultat ?
1	Ventes (C.A.)		1.000	1.000	1.125
2	Achats	50% du C.A.	500	475	563
3	M.O.	60% des achats	300	300	337
4	Frais fixes	Inchangés	100	100	100
5	Résultat	= 1 – 2 – 3 – 4	100	125	125

Un gain de 5% sur les achats génère 25% de résultat en plus

Il faut augmenter le C.A. de 25% pour retrouver le même résultat

- Idée 2 : l'importance centrale du dispositif commercial en entreprise (à but lucratif s'entend...) et, au sein de ce dispositif, du capital humain constitué des personnes en situation de vente. Cela inclut les commerciaux bien sûr, mais aussi leur encadrement, les personnels d'administration des ventes, sans oublier toute autre catégorie de personnel non commercial qui est en contact, souvent régulier, avec les clients (livreurs, technicien de maintenance, ...) et qui contribue à « l'expérience client ».

Illustrons ce dernier point en prenant deux exemples, le premier en BtoB et le second en BtoC.

Exemple BtoB : il s'agit d'une entreprise qui intervient dans le domaine de la gestion de parking et du contrôle d'accès. Son métier est de fournir, poser et maintenir une gamme de produits à fort contenu technique tels que des barrières, des caisses automatiques, des caméras, des lecteurs de badges ou encore des systèmes de gestion centralisée.

Le rôle du commercial est de vendre le matériel et les contrats d'entretien qui s'y rapportent. Pour cela il suit le marché, principalement en répondant aux appels d'offres lancés par les clients (privés, semi publics ou publics) ; et aussi, en faisant un travail de fond visant à influencer les Maîtres d'Ouvrages et les quasi inévitables bureaux d'études techniques, sur les orientations et spécificités techniques du matériel objet des appels d'offres. Il voit donc ses clients et prospects le plus souvent possible, mais en l'occurrence, principalement au moment du lancement des appels d'offres.

Une fois le matériel vendu et mis en service, le contrat d'entretien afférant débute. Il prévoit des visites préventives (de simple maintenance et de fourniture de consommables) et des visites curatives (réparations, urgences, remise en service). Ces visites sont effectuées par un technicien. Ce technicien côtoie le chef de parc qu'il est sensé voir à chacune de ses visites. Il se trouve que certains Maitres d'Ouvrages possèdent plusieurs parkings. Ceci a pour effet de multiplier les interactions avec l'entreprise et ses techniciens.

Au final, on constate aisément que le personnel du fournisseur que le Maitre d'Ouvrage voit le plus souvent est les techniciens, et non le commercial. Le technicien n'a pas donc pas seulement une obligation de résultat (technique), mais aussi une obligation de moyens (relationnels) : être ponctuel (surtout pour les interventions curatives en périodes de hautes activités), être rigoureux (dans la mise en œuvre de la solution contractuelle et dans sa communication auprès du chef de parc), être à l'écoute du client (qui profite souvent des visites pour faire des remarques ou exprimer des demandes), être respectueux (des lieux, des clients du parking qui sont souvent mécontents quand il y a un problème).

Exemple en BtoC : nous parlons d'une entreprise dont le métier est de fabriquer, vendre, et poser des menuiseries extérieures.

Le rôle du commercial est de prospecter, vendre, et si possible fidéliser ses clients. Il se déplace chez ces derniers, établit un devis, puis vend le matériel chiffré.

Le chantier de pose sera ensuite réalisé par le service technique.

Si l'on regarde bien :

- Pour vendre le matériel, le commercial va faire 1 rendez-vous, et même plutôt 2 car il ne vend pas en première visite. Il va passer environ 2 x 2 heures avec ses clients.
- Pour réaliser le chantier, l'équipe de pose, elle, va passer en moyenne 2 jours (soit 14 heures) chez les clients.

L'interaction entreprise/client est en termes de temps beaucoup plus longue du côté technique que du côté commerce, et numériquement plus importante car il y a le plus souvent 2 techniciens sur un chantier. Les clients côtoieront beaucoup plus les techniciens que le commercial (qui pourra passer sur le chantier, mais pour une durée assez courte). Aussi, la qualité de l'interaction avec l'équipe technique revêt une importance capitale. D'autant qu'elle se produit dans ce qui s'appelle une « zone de danger », c'est-à-dire une phase de la relation client durant laquelle il peut y avoir « une cause possible de dommages », autrement dit des problèmes liés à la réalisation de la vente. La phase précédente, celle du *closing* avec l'assise de vente, est dite « zone de risque ». C'est celle où le client risque (et risque seulement) de ne pas signer. Mais la non signature n'entraine pas de dommage (ni au sens de préjudice, ni au sens de dégât matériel), seulement des regrets, de la frustration ou un manque à gagner (ou que sais-je).

Bien sûr, l'implication du commercial dans les phases d'avant-vente et d'après-vente varie selon les modèles économiques, les secteurs d'activités, les tailles d'entreprises et les cultures d'entreprise.

Mais quoi qu'il en soit et si l'on y regarde bien, le rôle (au sens de « la fonction qui lui est propre ») du commercial est, d'une part, de préserver les marges face des clients qui, de plus en plus nombreux, ont pour objectif de faire baisser nos prix (ou ne pas toucher au prix, mais à ce qu'il englobe) ; et d'autre part, d'assumer l'interface avec les clients sur la réalisation de la vente tout en ayant un degré de maitrise sur ce sujet qui peut être faible ou inexistant.

Qui osera dire que ce rôle n'est pas important ?

Qui pourra dire que la chose commerciale dans une entreprise n'est que « relativement » importante ?

| 1.3 Un commercial ça fait quoi ?

En un mot comme en cent, un commercial ça fait ce qu'il faut pour atteindre les objectifs.

Ce qui me fait dire qu'un bon commercial est tout simplement celui qui atteint ses objectifs.

Pour paraphraser Sénèque, partons de l'idée que « il est un vent favorable pour qui sait où il va. » Savoir où l'on va, c'est ni plus ni moins que définir une situation future désirée, c'est se fixer un objectif. Or raisonner par objectif est primordial, car prendre pour point de départ la projection dans l'avenir en fixant un objectif, c'est-à-dire un but à atteindre, c'est imaginer et décrire une situation future qui rend logique et nécessaire une mise en mouvement. C'est parce qu'il y a la volonté de passer de la situation actuelle à la situation future (l'objectif) que l'individu en général, et le commercial entre autres, mobilise de l'énergie, du talent, du travail ou encore de la compétence.

La notion d'objectif est omniprésente dans la vie du commercial : objectif de chiffre d'affaires, objectif de marge commerciale, objectif de part de marché, d'évolution sur un segment, objectif de prospection, de taux de transformation, de panier moyen, de rendez-vous, de qualification de fichier, d'identification du process d'achat, etc, etc...

L'activité commerciale étant par essence dominée par l'argent, les objectifs qui quantifient le gain économique ou la rentabilité directe (c'est-à-dire liée à un individu ou une fonction) sont les plus utilisés : chiffre d'affaires et marge commerciale (ou brute, selon la nature de l'activité).

Pour fixer un objectif de chiffre d'affaires, certains - minoritaires- managers raisonnent en termes de multiplicateur du montant de coût direct d'un commercial. Le commercial coute 100 en coût direct (coûts fixes + coûts variables imputables au commercial), il doit donc rapporter x fois ce montant. Cette approche est moins simple qu'il n'y parait car pour la rendre optimale, elle nécessite une comptabilité analytique très au point. Ce, notamment en intégrant des hypothèses de marge commerciale, ainsi que des clés de répartitions extrêmement précises. Car au fond, raisonner comme cela c'est tenter de déterminer avec précision la quote-part de frais de l'entreprise (ou de la B.U., ou de l'agence, du service...) que chaque commercial pris individuellement doit assumer.

On peut donc imaginer fixer un objectif de chiffre d'affaires par commercial en partant du taux de marge commerciale et en déterminant un multiplicateur des coûts directs (fixes et variables) liés au commercial. Autrement dit, on détermine un multiplicateur du coût direct pour trouver le montant de chiffre d'affaires visé.

La formule est celle-ci :

$$\text{Objectif de chiffre d'affaires} = \frac{\sum \text{Coûts directs}}{\% \text{ de Marge Brute}} \times x$$

Ou encore :

$$\text{Objectif de chiffre d'affaires} = \left(\frac{\sum \text{Coûts Fixes} + \sum \text{Coûts Variables}}{\% \text{ de Marge Brute}} \right) \times x$$

Où x est le multiplicateur.

On peut lister en première lecture les coûts directs suivants :

$\sum$ des coûts fixes : part fixe du salaire + charges + location de voiture + mutuelle + formation + forfait téléphonique.

$\sum$ des coûts variables : part variable du salaire + charges + carburant + frais de déplacement + frais de représentation.

En poussant l'analyse, on peut ajouter des composantes de coûts directs affinées : quote-part du loyer des bureaux, imputation d'éventuelles assurances ou cotisations spéciales, effort managérial, initiatives marketing, frais d'adaptation de produit, absentéisme, achat de fichier de prospection, participation à des foires et salons, location de licence informatique, etc...

Prenons un exemple chiffré en imaginant la situation simplifiée suivante :

Coûts directs (fixes + variables) du commercial = 1.000€
Taux de marge brute pratiqué = 60%
Multiplicateur = 3

On obtient alors :

Objectif de chiffre d'affaires = (1.000€/0,6) x 3 = 5.000€

Dans cette hypothèse, le commercial doit faire 5.000€ de chiffre d'affaires pour être à son objectif. Avec un taux de marge commerciale à 60%, ces 5.000€ génèrent 3.000€ de marge. En retirant les coûts directs à ce résultat on peut dire que ce commercial contribue à couvrir les frais de l'entreprise à hauteur de 3.000€ - 1.000€ = 2.000€.

En dézoomant sur la notion d'objectif, et au-delà d'une méthode en particulier, il faut surtout souligner l'attention qui doit être portée à la détermination des objectifs.

En tant que but à atteindre, un objectif peut présenter plusieurs caractéristiques :

- Quantitatif/Qualitatif : un objectif quantitatif se chiffre, un objectif qualitatif se décrit.
- Objectif prioritaire/objectif secondaire : l'objectif prioritaire est celui qu'il faut atteindre en premier lieu, stratégiquement, il a une importance particulière, s'il n'est pas atteint il y a échec ; l'objectif secondaire est celui (ou ceux) que l'on visera en complément de l'objectif prioritaire, ou à défaut de pouvoir atteindre l'objectif prioritaire.

Le travail sur la détermination des objectifs peut se synthétiser dans un tableau simple.

Objectif	Quantitatif	Qualitatif
Prioritaire	*Valeur absolue ou relative*	*Description*
Secondaire(s)	*Valeur absolue ou relative*	*Description*

Par exemple, je prépare un premier rendez-vous (R1) avec un prospect. Les cycles de vente de mon produit sont longs et il y a des multiples interlocuteurs dans le process d'achat du prospect.

- Objectif quantitatif : pas de chiffre d'affaires, je ne vendrai pas en 1ère visite, mais je peux évaluer le potentiel d'achat du compte (en questionnant notamment sur leur consommation passée)
- Objectif qualitatif : OUI ! découvrir la problématique de mon interlocuteur, environner le projet, alimenter ma cartographie des intervenants du process d'achat, prendre de l'information, etc...

Objectif	Quantitatif	Qualitatif
Prioritaire	• *Potentiel*	• *Problématique du prospect* • *Besoins, attentes et critères du prospect* • *Maturité d'achat* • *Implication (relation/influence)* • *Positionner mon entreprise et mon offre par rapport aux éléments recueillis*
Secondaire(s)	• *RAS*	• *Alimenter la cartographie des intervenants* • *Information sur le process d'achat* • *Toute autre information exploitable commercialement*

Le commercial est donc cette personne dont le job est d'atteindre tous ses objectifs. Il y a le mot *tous* car les objectifs sont multiples, à la fois dans leur nature (quantitatif/qualitatif), mais aussi dans leurs échéances. On peut en effet évoquer des objectifs annuels, des objectifs intermédiaires (semestre, trimestre, mois), objectifs d'un rendez-vous, d'une action de stimulation, d'un segment de clientèle, d'une ligne de produits,...

Pour le reste, il existe suffisamment de méthodes de fixation d'objectif (SMART, 4C F, BGS) pour ne pas en dire davantage dans cette partie.

Retenons pour boucler sur ce sujet, les constatations les plus importantes des travaux du Dr Edwin Locke, psychologue américain :

- Un objectif spécifique (par exemple : je veux gagner 500€ de plus par mois) génère un niveau de rendement plus élevé qu'un objectif plus général (par exemple : je veux gagner plus d'argent).
- Les objectifs difficiles à atteindre sont linéairement et positivement liés au rendement. Plus l'objectif est élevé, plus une personne travaillera à l'atteindre.

Donc dans l'idée, notre ami le commercial met en œuvre la politique commerciale de l'entreprise. Politique commerciale qui définit les prix, les marges, les remises, les canaux de distribution, les cibles (prioritaires, secondaires, hors cible), les conditions financières (délais de paiement, moyens de paiement, etc...), les secteurs géographiques attribués, les modalités de management (notamment de reporting), les supports de vente, etc...

Sauf exception, le commercial, même s'il peut bénéficier parfois d'une grande autonomie, n'agit pas seul. Il agit dans un cadre, un périmètre défini par un cadre (la figure géométrique tout autant que la personne ayant ce statut). Il est donc amené à appliquer des directives, rendre des comptes, s'expliquer, se justifier, mais aussi demander, exiger, confronter, négocier, influencer.

Le périmètre du commercial

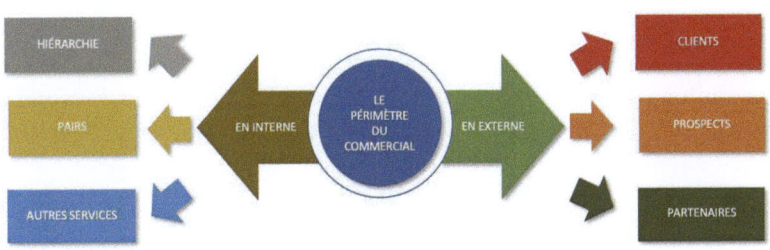

Le périmètre du commercial comporte deux pôles, l'un externe, tourné vers le business, l'autre interne tourné vers la production et la coopération. Le bon commercial est donc bon commerçant, mais aussi bon collaborateur.

Dans le commerce, pas de haute performance sans haute coopération. Un commercial peut vendre tout ce qu'il veut, si l'organisation pour laquelle il agit ne suit pas, il ne sera pas bon (nous le détaillerons plus loin). Il doit donc mobiliser de l'énergie, du temps et du talent pour contribuer en interne, à ce que l'externe se passe bien. Le degré d'implication interne du commercial dépend au départ de l'organisation de l'entreprise. Mais on observe que beaucoup de commerciaux sont amenés, souvent malgré eux, à surinvestir en interne. C'est une cause importante de démotivation, et parfois de colère quand le message managérial n'est pas confirmé par des actes.

Le cas de la gestion de l'information est dans ce domaine assez éclairant. L'information est capitale, ça n'est pas nouveau. Sun Tzu, en écrivant « *La règle, c'est que le général qui triomphe est celui qui est le mieux informé.* » il y a 2500 ans, nous livrait déjà une clé de stratégie qui ne se dément pas de nos jours.

Sachant cela, bon nombre d'entreprises imposent à leurs collaborateurs de collecter, gérer et partager de la data à tour de bras. Excel et les logiciels de CRM deviennent leurs « meilleurs amis ». J'ai pu accompagner dans diverses missions bon nombre de commerciaux en Grandes et Moyennes Surfaces (GMS), et la plupart passe plus de temps à faire des relevés de prix et autres tâches, certes nécessaires mais incombant très majoritairement à des *merchandisers*, plutôt que consacrer leur savoir-faire à leurs vrais clients, ceux qui ont une réelle influence sur le business, que sont les Chefs de rayon, les Chefs de groupe ou les Directeurs de magasin. Dans les entreprises, les logiciels de gestion de la relation client sont poussés à des extrêmes qui pénalisent finalement leurs utilisateurs. Combien de commerciaux déclarent « *La création de la fiche client, c'est un enfer !* ». Certes, les individus occupant des postes de commerciaux ne sont en général pas des gens de l'écrit, l'oralité est souvent leur canal favori. Mais nous sommes à un point où tout ce qui est mis en place manque de sens et de cohérence claire. Les commerciaux sont donc confrontés à un mode d'expression qui est contre-intuitif et les place en situation d'inconfort, voire d'incompétence. Les entreprises dépensent des sommes astronomiques dans des systèmes *datavores* et *énergivores* qui ne vivent et ne fonctionnent pas comme ils le devraient et ne délivrent donc pas les bénéfices attendus. Combien aussi de commerciaux me disent qu'ils ne voient pas leur n+1 parce que le n+1 en question « *est en réunion* ». Je mets est en réunion entre guillemets car c'est le vocable utilisé pour dire que le n+1 ne joue pas son rôle d'accompagnateur terrain. Et il est en réunion pour... analyser de la data avec les n+2 et n+x. Cette omniprésence de l'information et de la data qu'elle nécessite a pour but de connaitre et en connaissant de réduire le risque. C'est louable. Mais poussé à un tel paroxysme, c'est contre-productif.

Le fil rouge de l'activité du commercial est externe, c'est de faire du business, aller à la rencontre des clients et prospects, lever des opportunités, rencontrer, solliciter, influencer, convaincre, vendre, négocier. Tout ça pour, au fond, développer le chiffre d'affaires tout en protégeant les marges. La responsabilité du commercial c'est de faire tout ça. Pas tout seul bien sûr. Il peut s'appuyer sur ses collègues, son encadrement, ou encore les équipes support, voire même d'un intervenant extérieur (coach, formateur). Cela dépend entre autres de la phase du cycle de l'autonomie dans lequel il se trouve.

Mais la fonction même de commercial sous-tend la notion de dynamisme, de prise d'initiatives, de proactivité. Ainsi, la base de la mise en action du commercial concerné par ce qu'il fait et impliqué dans sa mission, est sa volonté d'atteindre ses objectifs en trouvant des solutions pour se différencier de la concurrence.

Si l'on répond maintenant à la question titre de cette partie par le biais des tâches à effectuer, on peut retenir 3 grands domaines :

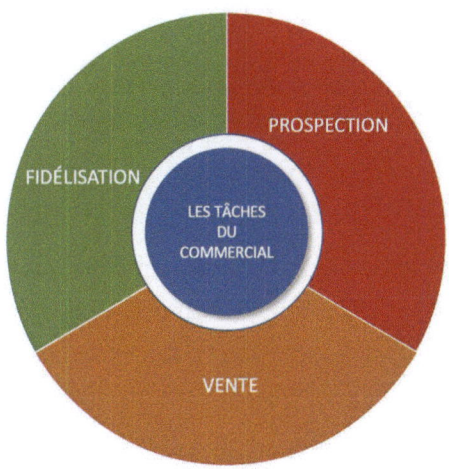

Ces 3 environnements d'activités rappellent qu'un commercial n'est pas seulement un vendeur, mais qu'il est aussi un chasseur et un éleveur.

Certaines forces de ventes sont organisées en 2 populations : les chasseurs d'un côté, et les éleveurs de l'autre. Ce qui revient à dire que dans ce cas le commercial n'assume que 2 des 3 pôles. Dans la réalité, on observe que les chasseurs font un peu d'élevage, et que les éleveurs font un peu de chasse. La raison de cet élargissement de leur périmètre : les commerciaux veulent profiter des avantages, ou bons côtés, de l'autre activité. Les chasseurs trouvent dans l'élevage un moyen d'optimiser leur travail de chasse en gardant la relation avec leur client au-delà de la phase de conquête et en pérennisant donc leur commissionnement tout en profitant de la qualité relationnelle qu'ils ont construite avec leurs nouveaux clients. De l'autre côté, les éleveurs pratiquent aussi la chasse car ils ont bien compris que leur rémunération peut s'améliorer grâce au taux de commission traditionnellement plus élevé sur les nouveaux clients que sur les clients existants.

À l'origine de cette volonté d'élargissement :

- Soit une raison quantitative : percevoir davantage de commission en profitant d'un taux de commission élevé et/ou en travaillant avec le nouveau client au-delà de la phase de conquête
- Soit une raison qualitative : profiter des avantages relationnels d'une gestion de compte prolongée

On doit insister sur le fait que chacun des 3 pôles d'activité requiert des compétences et une motivation particulières.

ACTIVITÉ 1 : LA PROSPECTION

J'observe qu'une large part des commerciaux n'aime pas prospecter et ne prospecte pas assez.

La raison invoquée ? « Pas le temps ».

Les vraies raisons ? Stress, usure, peur de se « prendre des portes », peur de l'échec, peur de l'image que cela renvoie (à soi-même et aux autres), peur de ne pas savoir faire, orgueil mal placé (si je prospecte c'est que je ne vends pas assez), manque d'ambition, ...

La vérité ? La prospection est incontournable. Elle est une donnée objective consubstantielle du développement commercial.

Ne pas prospecter c'est :

- Se couper de son marché et donc de ses évolutions, notamment concurrentielles,
- Se couper de nouvelles opportunités de création de valeur ajoutée.

On le sait, il coûte entre 5 et 10 fois moins cher de fidéliser un client que d'en trouver un nouveau*. Mais ça n'est pas parce que prospecter coûte de l'argent qu'il ne faut pas prospecter. Prospecter est un investissement. Et c'est pour toutes ces raisons que la prospection ne s'improvise pas. Il en va de la prospection comme du reste, pour réussir il faut un bon cocktail de motivation et de méthode.

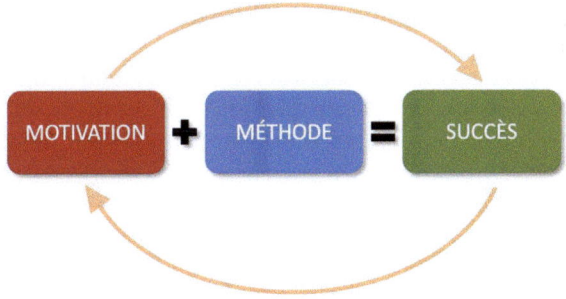

Et avec le succès vient la motivation.

Mais la motivation seule, ou la méthode seule, ne suffit pas. L'une et l'autre prise individuellement est nécessaire mais pas suffisante pour assurer un succès profitable et pérenne. Ne baser son succès que sur un seul des 2 leviers revient à vouloir marcher sur une seule jambe. C'est possible, certes, mais c'est plus fatiguant, plus dangereux, plus incertain qui si on marche sur 2 jambes. Or la prospection est un des trois pôles d'activités du commercial. Donc négliger sa prospection, c'est négliger 1/3 de notre activité.

Connaissez-vous beaucoup de secteurs d'activités ou d'entreprises qui peuvent se le permettre ?

Le commercial se doit donc de prospecter. Prospecter n'est ni une option (un choix facultatif parmi d'autres activités), ni un bouche-trou (un peu de temps entre deux tâches), ni une alternative (une réaction à une baisse d'activité ou à la perte d'un client).

La motivation se nourrit de la conscience qu'a le commercial du bénéfice qu'il a à prospecter. Le commercial est motivé parce qu'il a bien compris ce que lui rapporte la prospection : de l'information, des opportunités, des commandes, de la notoriété, de la sécurité, de la différentiation, de la diversification, de la pérennisation.

La méthode, ça s'apprend, ça se pratique.

Le propos ici n'est pas d'aborder en détail une méthode de prospection, mais de donner quelques éléments au service de l'assertion de ce livre : la vente est un sport de haut niveau.

Les clés d'une bonne prospection tiennent en 1 idée et 4 leviers :

L'idée c'est : **la prospection sert à vendre le rendez-vous**, pas nos produits ou nos services.

Les 4 leviers sont :

1. Une bonne préparation/organisation : une connaissance de ses marchés, un bon ciblage, un bon fichier, du temps récurrent (bloc temps).
2. De bons objectifs (on y revient...) : savoir avec précision où

l'on veut aller et pourquoi. Si l'on applique la notion d'objectif au « comment », on estime que l'objectif de prise de rendez-vous est de 25 RDV pour 100 appels pour une opération de téléprospection (phoning) en BtoB.

3. Une façon de faire : une trame précise et efficace, un discours stimulant. Il faut en moyenne 6 interactions avec un prospect pour qu'il devienne client.

4. De l'entrainement, de la pratique, de la répétition, des automatismes.

On peut ajouter aussi : de la remise en question, de l'acceptation du changement.

Arrivé à un certain stade de (relative) maitrise, il peut être important, voire crucial, de se remettre en question.

A cet égard, je pose la question : qu'est-ce que Tiger WOODS et Tony PARKER ont en commun ?

Une notoriété mondiale, de l'argent, de l'excellence dans leur sport. Oui, mais pas seulement.

Ils ont en commun quelque chose de moins visible. Et cette chose la voici : ils ont su tous les deux se remettre en question alors qu'ils étaient tous deux au sommet de leur art. Le premier en modifiant de quelques degrés la prise en main de son club de golf, et le second en modifiant légèrement la position de ses pouces pour les tirs extérieurs.

Nous sommes en présence de deux prodiges de leur sport. Ils auraient pu se dire que tout allait bien, que leurs résultats sportifs étaient au top, leur notoriété et leurs revenus aussi. Mais ils ont cherché et trouvé une façon d'être encore meilleurs. Ils ont accepté de se mettre en danger et de produire un effort substantiel pour mettre à plat leur façon de faire afin d'en construire une nouvelle et plus performante. Ils étaient dans une dynamique, celle-là même qu'évoque notre définition de la posture : « *une **dynamique** entre des dimensions externes-internes du sujet et une incorporation de l'effet de cette* *dynamique pour sa traduction en une expression physique. Empreinte de toute la dimension interne et intime du sujet, **la posture assure ce passage d'une intériorité à une extériorité qui s'exprime dans et par le geste professionnel.** »*

C'est bien de cela dont il est question : nos commerciaux sont-ils capables de se remettre en question ? Nos managers sont-ils capables de créer les conditions de cette remise en question ? À propos de questions, desquelles parlons-nous ?

Nous parlons des sujets qui doivent-être abordés pour analyser la performance :

1. Est-ce que je sais ce que je dois faire
2. Est-ce que je fais bien ce que je fais ?
3. Est-ce que je fais tout ce que je dois faire ?
4. Est-ce que je dois arrêter de faire certaines choses ?
5. Est-ce que je dois commencer à faire des choses ?
6. Quels sont mes freins ?
7. Où sont mes accélérateurs ?

Et ces questions valent pour la prospection et, bien entendu, pour tout type de sujet.

ACTIVITÉ 2 : LA VENTE

L'objet ici n'est pas d'examiner en détails le plan de vente, mais de mettre en exergue le pouvoir du commercial qui est acteur du processus de vente.

Convenons avant d'aller plus loin que le pouvoir est la capacité à influer sur le cours de choses.

Mon postula est le suivant : la posture est l'expression du pouvoir. Dit autrement : ce que le commercial montre de lui exprime son ambition, sa volonté, sa capacité à peser et à orienter.

Un mot, peut-être, peut résumer le sujet : l'assertivité.

Comme l'indique Wikipédia, « *le mot assertivité vient de l'anglais* assertiveness, *substantif formé à partir du verbe* « to assert » *: affirmer, assertion, s'affirmer, défendre ses droits, défendre son opinion.* Assertiveness *peut se traduire en français par affirmation de soi.* »

L'assertivité, ou affirmation de soi, est le symptôme d'une volonté de convaincre et d'atteindre un objectif, sans utiliser la contrainte, la menace, le vice, la violence, l'intimidation ou l'insistance. Elle est l'expression d'une ambition positive, constructive, argumentative et incitative.

On peut recenser 3 types de comportements spontanés :

	Le combatif	Le conciliant	Le joueur
Il sait bien	• S'affirmer • Résister • Exiger	• Écouter • Comprendre • Donner envie d'avancer	• Sortir du cadre • Donner envie à l'autre de sortir du cadre
Il a du mal à	• Prendre en compte les objectifs de l'autre • Échanger	• Affirmer ses exigences • Obtenir • Engager à la conclusion	• Se préparer • Cadrer la négociation • Échanger
La négociation c'est aussi	Gagner en faisant gagner l'autre.	Faire respecter son offre.	Un échange.

L'assertivité est un travail, une ressource, qui permet de positionner le commercial dans la relation de manière pertinente en faisant respecter ses objectifs tout en respectant l'autre.

Matrice de la relation

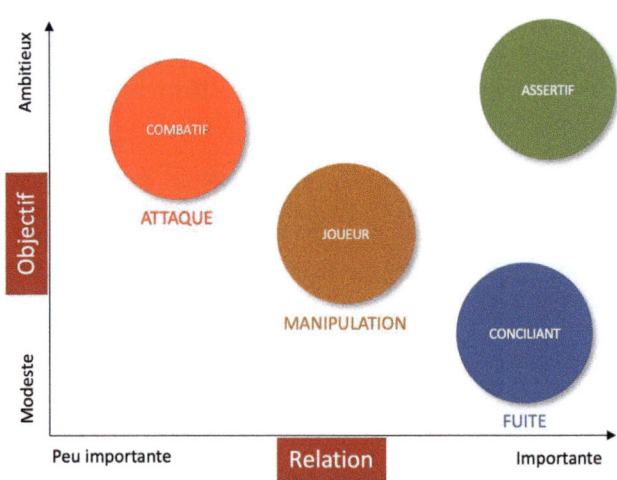

En tant que co-acteur du processus de vente, le commercial possède un pouvoir qui s'exprime pendant toute la durée du processus, c'est-à-dire de la phase de prospection à celle de fidélisation.

Son pouvoir se confronte à celui de son client. Mais cela ne fait pas de la vente un combat.

J'avais été frappé il y a quelques années en examinant la méthode de vente d'une enseigne nationale de fenêtres dont la politique de vente agressive en R1 (ou « one shot ») rappelait en grosses lettres à l'attention de ses commerciaux :

« La vente n'est pas un combat, la vente est un jeu. »

Entendons le jeu comme un simple antonyme du combat. Jouer au sens de « *Manipuler avec habileté les choses de l'esprit et du langage.* » (Centre National de Ressources Textuelles et

Lexicales – CNRTL), ou encore, telle une clé dans une serrure : « *Fonctionner à l'aise, sans frotter ni accrocher.* » (Le Robert)

Ne voyez pas dans ces lignes une approche, simpliste, réductrice ou idyllique de la vente, un brin naïve ou matinée d'un angélisme inapproprié à la réalité du terrain. Il faut y voir une intention, un facteur différenciant.

Il est en effet de plus en plus complexe de se différencier. Or, comme le propose Simon Sinek, l'idée est que « *Les gens n'achètent pas ce que vous faites, mais pourquoi vous le faites.* »

Savoir exprimer « *Je fais de la vente parce que...* », ou « *Je fais ceci parce que...* » est un levier d'affirmation de soi, et aussi de performance, souvent bien plus puissant que de connaitre par cœur les phases d'un entretien de vente ou les 30 caractéristiques essentielles de mon offre produit.

Répondre aux questions du « pourquoi ? » (la cause) et du « pour quoi ? » (la finalité) revient à donner du sens aux choses et constitue la reconnaissance d'une volonté, et donc l'affirmation d'un pouvoir.
Une fois qu'ils ont changé leur manière de faire, WOODS et PARKER ont continué de s'entrainer. Ils se sont mêmes entrainés plus fort car ils devaientt absorber leur nouvelle méthode, s'habituer au geste, le confronter à la réalité du terrain, etc...

La vente est décidément ce sport de haut de niveau : apprendre, s'adapter, s'entrainer, acquérir des automatismes. Et la posture du commercial performant pourrait se résumer comme cela : j'apprends, je m'adapte, je m'entraine, j'acquière des automatismes.... Et je recommence...

Nous examinerons en détail dans la partie 2.2. les moments d'influence du commercial dans le cycle de vente.

ACTIVITÉ 3 : LA FIDÉLISATION

La fidélisation de clients est souvent considérée comme l'activité la plus noble du commerce.

Il est vrai qu'elle met en jeu des mécanismes relationnels entre le commercial et ses clients qui peuvent être perçus comme plus confortables ou émotionnellement plus sécurisants que dans les autres activités.

Fidéliser ses clients consiste à créer une relation durable avec eux à travers de multiples dispositifs, et pas seulement un programme de fidélité. Une démarche de fidélisation réussie engendre de nombreux effets positifs.

La fidélité d'un client se caractérise par la répétition d'achats de produits ou services issus d'une même marque ou entreprise. Elle reflète la préférence consciente ou inconsciente de l'acheteur pour une offre par rapport à celles de la concurrence mais aussi son attachement à la marque qui la propose.

Le rôle du commercial est de créer les conditions, en interne et en externe, de cette fidélisation. Il est d'afficher une posture qui démontre sa volonté de travailler dans la durée. La clé, c'est d'affirmer cette posture dès la phase de prospection.

Car en réalité la fidélisation du client est la phase dans laquelle le pouvoir du commercial se dilue. Il n'est plus, ou encore moins qu'avant, le seul intervenant.

Pour résumer, utilisons le schéma ci-après :

Curseur du pouvoir selon la phase du cycle relationnel

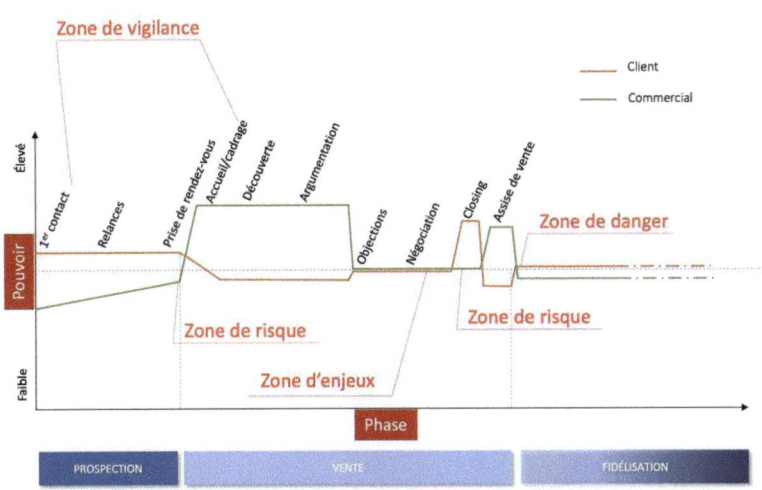

Il positionne le curseur du pouvoir au fil des phases de la relation. Le client n'a pas toujours davantage de pouvoir que le commercial. Affirmer le contraire est une erreur, et est de surcroit révélateur d'une mauvaise perception de ce qu'est la vente. Il est même, théoriquement, équilibré à certains moments de la relation.

Dans ce processus, le pouvoir du commercial n'est pas sa faculté (pour ne pas dire sa facilité) à prendre ou pas la commande, de faire signer le client en un temps record ou au moindre effort. Le pouvoir c'est ici pour le commercial la faculté à tirer profit de chaque phase et de chaque interaction pour affirmer sa posture, bâtir la confiance, peser sur l'expression de la solution et collecter le maximum d'information.

Le moment où le client a le plus de pouvoir est celui de la prise de décision, autrement appelée « closing ». Pour le commercial, c'est une zone typique de risque (éventualité de la survenance d'un aléa) car le client peut dire oui... ou non.

Le moment où le commercial a le plus de pouvoir est principalement celui du début du rendez-vous. Durant les étapes d'accueil de cadrage et de découverte, il a toute latitude pour continuer d'asseoir le positionnement qu'il montre depuis le 1er contact. C'est, au même titre que la phase de prospection, une zone de vigilance, c'est-à-dire d'attention soutenue.

Après l'assise de vente arrive le moment de la réalisation de la vente. C'est la mise en œuvre de la commande, celle notamment où les promesses et les engagements pris (qualité, délais et autres) doivent être tenus. Le commercial peut perdre une partie de la maitrise du processus car d'autres services interviennent désormais : production, logistique, ADV, etc... Nous sommes là dans une zone de danger, c'est-à-dire de « cause possible de dommage »

Ce schéma « idéal et théorique » a pour but de décrire (ici sommairement) ce que *doit* être la situation. Cela permet d'analyser la performance du commercial en comparant son action avec ce schéma, et d'identifier les zones de progrès.

Un commercial ça fait donc plein de choses et il arrive un moment (assez vite) où le commercial doit gérer son temps pour arriver à réaliser toutes les tâches nécessaires à l'accomplissement de sa mission et l'atteinte de ses objectifs. Il doit donc analyser sa charge de travail au travers de 2 axes : la hiérarchisation des tâches (ordre d'importance) et la priorisation (ordre dans le temps). Une manière assez efficace de le faire consiste à construire un tableau qui recense toutes les tâches que doit accomplir un commercial en les décrivant à partir de leur importance et leur niveau de présence. Dans ce contexte, est considérée comme importante toute tâche qui contribue à l'atteinte des objectifs. Toutes les tâches ne contribuent pas à la même hauteur à l'atteinte des objectifs. On peut donc distinguer 2 grands pôles (externe et interne) et plusieurs critères : importance (de 1 à 5, 1 = peu important et 5 = très important), récurrence (oui/non), fréquence et durée de chaque fréquence.

Tâche	Importance	Récurrence	Fréquence	Durée
PÔLE INTERNE				
Hiérarchie				
Préparation réunion commerciale	4	Semaine	1 x	½ h
Assister à la réunion commerciale	4	Semaine	1x	1 h
Préparation de la business review	4	Mois	1 x	½ h
Assister à la business review	4	Mois	1x	4 h
C/R de rendez-vous	2,5	Jour	Selon RDV	½ h
Entretien annuel	3	Année	1 x	½ h
Pairs				
Prise d'information	2,5	Jour	1 x	½ h
Échanges divers / entraide	2,5	Semaine	1 x	½ h
Autres services				
Suivi de production	2	Variable	Variable	¼ h
Lecture et analyse juridique A/O	3	Variable	Variable	2 h
Lecture et analyse technique A/O	4	Variable	Variable	2 h
Validation juridique de notre propal	3,5	Variable	Variable	½ h
Formation commerciale	3,5	Année	1 x	2 j
Formation produit / technique	3	Selon actualité	1 x	1 j
PÔLE EXTERNE				
Prospection				
Segmentation / ciblage	4	Semestre	1 x	2 h
Mise à jour fichier	4	Semaine	1 à 2 x	½ h
Action de prospection	4	Semaine	1 à 2 x	2 h
Organisation des tournées	3	Semaine	1 à 2 x	¼ h
Vente				
Organisation des tournées	3	Selon volume	Sel. volume	¼ h
Préparation de rendez-vous seul	5	Jour	Selon RDV	½ h
Préparation RDV avec n+1	3	Jour	Selon RDV	¼ h
Soutenance A/O	5	Mois	2 x	2 h
Optimisation des tournées	2,5	Jour	Selon RDV	¼ h
Réalisation des rendez-vous clients	5	Jour	Selon RDV	2 à 4 h
Rédaction et envoi du C/R de RDV	4	Jour	Selon RDV	½ h
C/R de RDV au n+1 / débrief	2,5	À convenir	Selon RDV	¼ h
Conception rédaction Propal	4	À convenir	Selon RDV	4 h
Suivi de tableaux de bord	3	Jour	1 x	¼ h
Participation salon professionnel	3	Année	1 x	1 j
Fidélisation				
Réunions de suivi	3	Selon demande	S. demande	1 h
Benchmarking	2,5	Trimestre	1 à 2 x	1 h
Prise d'information	3	Au fil de l'eau	Régulière	½ h
Rendez-vous commercial	4	Trimestre	1 à 2 x	½ h
Suivi et analyse de KPI	4	Selon demande	S. demande	1 h
Passages spontanés	3	Selon possibilité	Adaptée	½ h
Invitation au salon professionnel	3	Année	1 x	¼

Cet exemple, bien que le plus réaliste possible, est fictif. D'autres tâches peuvent être ajoutées, les fréquences et les durées modifiées. Nous verrons plus loin comment il sera avantageusement enrichi avec des critères et des clés d'analyse supplémentaires.

Concluons que le commercial assertif, aligné avec lui-même aura plus de chances d'optimiser son action en prenant en compte tous ces éléments.

1.4 Un profil type du commercial

J'écris « un » et pas « le » profil, car je pense qu'il n'existe pas un seul profil d'individu compatible avec la fonction de commercial, ni une seule et unique façon de faire du commerce. On peut identifier des caractéristiques communes à toutes les personnes qui performent dans la vente, mais une étude un tant soit peu sérieuse et objective du sujet mène à la conclusion qu'il y a ce tronc commun, et aussi ce qui n'est pas commun et que l'on pourrait appeler la personnalité.

Le profil c'est « l'ensemble des caractéristiques nécessaires à une personne pour exercer une activité, un emploi. », mais aussi « l'ensemble des traits caractéristiques d'une chose, d'une situation, d'une catégorie de personnes. ». Il n'existe donc pas selon moi un unique profil, mais bien des profils commerciaux.

Les lignes qui suivent donnent une approche personnelle et empirique de ce que peut être un profil d'individu en situation de relation client.

Le commercial a « plusieurs casquettes ». Tout à la fois défricheur, négociateur et gestionnaire, il doit combiner plusieurs caractéristiques afin d'embrasser sa fonction avec appétence et compétence. Le tableau ci-dessous liste les principales qualités et compétence à posséder pour être un commercial performant, et en évalue l'importance et l'impact selon les phases de la relation (1 = faible – 5 = élevée).

La liste n'est ni exhaustive, ni limitative. Les qualités ou compétences requises dans une entreprise peuvent varier selon les phases de vie de l'entreprise ou de ses produits et services (lancement/croissance/maturité/déclin), les événements majeurs (rachat ou encore catastrophes naturelles, conflits et guerres), les secteurs d'activités, les phases conjoncturelles macroéconomiques dues aux interventions des acteurs institutionnels (banques, pouvoirs publics), les événement microéconomiques (disparition ou apparition ou restructuration de la concurrence), le management en place,...

Qualité/compétence	Importance dans la phase de			Total
	Prospection	Vente	Fidélisation	
Assertivité	5	5	5	15
Organisation	5	4	4	13
Curiosité	3	5	4	12
Communicant à l'oral	3	4	5	12
Préparation	4	4	3	11
Analyse	4	3	4	11
Ciblage	5	3	3	11
Gestion de l'information	4	3	4	11
Convaincant	3	5	3	11
Centré sur l'autre	2	4	5	11
Disponibilité	2	4	4	10
Réactivité	2	4	4	10
Résistance à la pression	3	4	3	10
Écoute/écoute active	2	5	3	10
Connaitre ses produits	1	5	4	10
Fiable	1	4	5	10
Crédible	1	4	5	10
Communicant à l'écrit	2	3	5	10
Remise en question	3	3	3	9
Rigueur	2	3	4	9
Fédérateur	1	3	5	9
Adaptabilité	1	4	4	9
Connaitre son entreprise	1	4	3	8
Exposer un pitch personnel	1	4	3	8
Empathie	1	3	3	7

Les scores sont eux aussi bien entendus indicatifs. Ils peuvent varier pour exactement les mêmes raisons que la liste des compétences.

Le score maximal théorique atteignable par ligne de Qualité/compétence est : nombre de « casquettes » x note maximale possible pour chaque « casquette ». Il y a 3 « casquettes ». Ainsi la note maximale par ligne = 3 x 5 = 15. Les Qualités/compétences sont classées par ordre décroissant de score.

On voit que, mis à part « Empathie » qui obtient un total de 7, ainsi que « Connaitre son entreprise » et « Exposer un pitch personnel » qui sont proches (8/15), toutes les notes sont t au-dessus ou largement au-dessus de la moyenne arithmétique (7,5). Conclusion : selon cette proposition tout est important, et le plus important c'est l'assertivité qui est plus de 2 fois plus importante que l'empathie (15 vs 7).

Je le disais juste avant, les scores sont bien entendus indicatifs. Ils sont aussi le reflet de la sensibilité du répondant et de sa vision des qualité/compétences d'un commercial.

Alors, pour illustrer cette idée que l'importance donnée à une tâche peut varier selon les individus, j'ai demandé à deux amis, consultants internationaux de haut vol, de bien vouloir se prêter à l'exercice et me donner leurs évaluations. Ils ont accepté et je vous livre leurs réponses.

Éric propose :

Qualité/compétence	Importance dans la phase de			Total
	Prospection	Vente	Fidélisation	
Assertivité	4	5	4	13
Organisation	4	4	4	12
Curiosité	5	3	3	11
Communicant à l'oral	5	5	4	14
Préparation	5	4	3	12
Analyse	4	4	4	12
Ciblage	5	3	2	10
Gestion de l'information	4	4	4	12
Convaincant	4	5	3	12
Centré sur l'autre	4	4	5	14
Disponibilité	3	4	5	12
Réactivité	4	4	5	13
Résistance à la pression	4	4	3	14
Écoute/écoute active	4	5	5	14
Connaitre ses produits	3	5	5	13
Fiable	4	4	5	13
Crédible	3	5	5	13
Communicant à l'écrit	4	4	4	12
Remise en question	3	4	4	11
Rigueur	3	4	5	12
Fédérateur	3	4	5	12
Adaptabilité	5	5	5	15
Connaitre son entreprise	4	4	5	13
Exposer un pitch personnel	5	4	3	12
Empathie	4	5	5	14

De son côté, Franck propose :

Qualité/compétence	Importance dans la phase de			Total
	Prospection	Vente	Fidélisation	
Assertivité	5	5	3	13
Organisation	5	4	4	12
Curiosité	5	5	3	13
Communicant à l'oral	5	5	5	15
Préparation	4	5	4	13
Analyse	4	4	5	13
Ciblage	5	2	1	8
Gestion de l'information	3	5	4	12
Convaincant	5	5	3	13
Centré sur l'autre	5	5	5	15
Disponibilité	3	4	5	12
Réactivité	4	4	5	13
Résistance à la pression	3	5	3	11
Écoute/écoute active	4	5	5	14
Connaitre ses produits	5	5	3	13
Fiable	4	4	5	13
Crédible	5	5	3	13
Communicant à l'écrit	4	4	5	13
Remise en question	3	3	5	11
Rigueur	3	4	4	11
Fédérateur	2	4	5	11
Adaptabilité	2	5	3	10
Connaitre son entreprise	3	4	5	12
Exposer un pitch personnel	5	5	1	11
Empathie	3	4	5	12

On le voit, les scores de chaque item peuvent varier, rappelant l'idée que tous les individus n'ont pas la même perception d'un même sujet.

Cela renvoie aussi à l'obligation fondamentale de, tôt ou tard et plutôt tôt que tard, définir un profil précis qui servira de référent dans l'évaluation des commerciaux qui composent la force de vente.

Les données consolidées donnent :

Qualité/compétence	Eric	Franck	Nicolas	Note moyenne
Assertivité	13	13	15	13,67
Organisation	12	12	13	12,33
Curiosité	11	13	12	12,00
Communicant à l'oral	14	15	12	13,67
Préparation	12	13	11	12,00
Analyse	12	13	11	12,00
Ciblage	10	8	11	9,67
Gestion de l'information	12	12	11	11,67
Convaincant	12	13	11	12,00
Centré sur l'autre	14	15	11	13,33
Disponibilité	12	12	10	11,33
Réactivité	13	13	10	12,00
Résistance à la pression	14	11	10	11,67
Écoute/écoute active	14	14	10	12,67
Connaitre ses produits	13	13	10	12,00
Fiable	13	13	10	12,00
Crédible	13	13	10	12,00
Communicant à l'écrit	12	13	10	11,67
Remise en question	11	11	9	10,33
Rigueur	12	11	9	10,67
Fédérateur	12	11	9	10,67
Adaptabilité	15	10	9	11,33
Connaitre son entreprise	13	12	8	11,00
Exposer un pitch personnel	12	11	8	10,33
Empathie	14	12	7	11,00

Valeur la plus basse par répondant
Valeur la plus haute par répondant

Deux items obtiennent le score le plus élevé à 13,67 : Assertivité et Communicant à l'oral. Ils sont suivis de près par Centré sur l'autre avec 13,33.

Cela ébauche, et ébauche seulement car la liste est longue, le profil type du commercial tel qu'il pourrait être recherché dans une entreprise dirigée par Franck, Éric et Nicolas. Un commercial capable de se faire respecter en étant coopératif (assertivité), capable de s'exprimer oralement en lien avec cette assertivité, tout en étant résolument centré sur l'autre.

Les données consolidées par ordre décroissant donnent :

Qualité/compétence	Note moyenne
Assertivité	13,67
Communicant à l'oral	13,67
Centré sur l'autre	13,33
Écoute/écoute active	12,67
Organisation	12,33
Curiosité	12,00
Préparation	12,00
Analyse	12,00
Convaincant	12,00
Réactivité	12,00
Connaitre ses produits	12,00
Fiable	12,00
Crédible	12,00
Gestion de l'information	11,67
Résistance à la pression	11,67
Communicant à l'écrit	11,67
Disponibilité	11,33
Adaptabilité	11,33
Connaitre son entreprise	11,00
Empathie	11,00
Rigueur	10,67
Fédérateur	10,67
Remise en question	10,33
Exposer un pitch personnel	10,33
Ciblage	9,67
Note moyenne sur 15	11,72

On le voit donc, tout cela contient une dose de subjectivité, de sensibilité, d'intuition.

En application de la méthode préconisée plus loin (tableau

effort/impact), l'exploitation finalisée de ces données suggère que l'étape suivante de cette analyse soit une mise en commun croisée dans laquelle chaque intervenant (Eric, Franck et moi) donne les raisons de ses choix. Processus long, compte tenu du nombre de notes données (25 compétences x 3 activités = 75 notes), mais nécessaire pour aller au-delà des chiffres et des formules. L'idée ici est de faire émerger des éléments qui, quels qu'ils soient, aideront à construire une version commune ou au moins 3 versions similaires.

Ces considérations internes sont nécessaires, mais elles deviennent utiles (et souhaitons-le suffisantes) lorsqu'elles sont mises en corrélation avec ce que les nombreuses études et statistiques disent de ce que les clients attendent de la prestation commerciale de leurs fournisseurs.

Une synthèse des données disponibles donne quelques pistes.

De manière générale, les clients veulent :

Attente	Source
Avoir confiance	• 89% des clients sont plus fidèles aux marques en qui ils ont confiance. • Pour les clients, la confiance se crée d'abord avec l'honnêteté (82%), la sécurité (78%) et la fiabilité (76%) selon Salesforce.
Se sentir mieux	• 42% des clients français sont prêts à payer plus cher pour une marque engagée sur le plan RSE (Source Roland Berger 2019) • 84% des clients attendent des marques qu'elles jouent un rôle dans la politique sociale et environnementale (Ipsos)
Une relation personnalisée	• 86% des clients s'attendent à ce que leur interlocuteur du service client connaisse leurs précédentes interactions (et seulement 24% en ont fait l'expérience), selon une étude Gladly 2019 • 75 % des consommateurs apprécieraient de pouvoir créer et gérer un profil que les marques pourraient

	utiliser pour mieux organiser les expériences et faire des recommandations (Accenture cité par ecommercemag) • 75% des clients achèteraient davantage si on leur fournissait des recommandations personnalisées (Gladly 2019)
Être considérés et reconnus	• 80% des clients estiment que les marques ne les reconnaissent pas en tant qu'individu (Econsultancy – IBM). Seulement 37 % des clients estiment être compris par leurs marques • 69% des clients français recommandent une marque s'ils se sentent considérés par elle (Source Roland Berger 2019) • 66% des clients déclarent changer de marque en l'absence de considération (source Roland berger)
Ne pas perdre de temps	• 66% des clients français s'attendent à ce que les entreprises communiquent avec eux en temps réel, selon Salesforce qui précise que les clients B2C sont 64% en moyenne à attendre des marques qu'elles répondent et interagissent en temps réel et les clients B2B 80%
De l'efficacité	• Selon une étude Accenture, « Parmi les clients qui ont changé de fournisseur en raison d'un mauvais service, plus de 80% indiquent qu'ils auraient renoncé à leur défection si leur réclamation avait été résolue lors du premier contact. » • 92% des clients sont satisfaits s'ils obtiennent une réponse directe. S'ils doivent faire une relance, ce taux chute à 65% et dans le cas de plusieurs relances, il est à 22%. (source Cocedal).
De la simplicité	• 78% des clients voudraient pouvoir résoudre des problèmes complexes en parlant à une seule personne (Salesforce) • 55% des clients sont prêts à payer plus pour une expérience plus simple et 64% sont prêts à recommander une marque par qu'elle communique et fait vivre des expériences de façon simple (source Global simplicity index 2019). Les deux marques les

	plus simples du monde sont Netflix et Aldi, de bonnes sources d'inspiration en ligne et dans le monde réel...

Il ressort de ces éléments (dont la liste de références n'est ici pas exhaustive) que le client veut une relation de confiance dans laquelle il veut être écouté, compris et aidé de manière efficace, c'est-à-dire notamment en ne perdant pas de temps.

Pour compléter, je me réfère à une étude de 2010 (qui n'est selon moi pas du tout obsolète) sur les qualités absolument indispensables pour un commercial attendues par un client, et qui montre les résultats suivants :

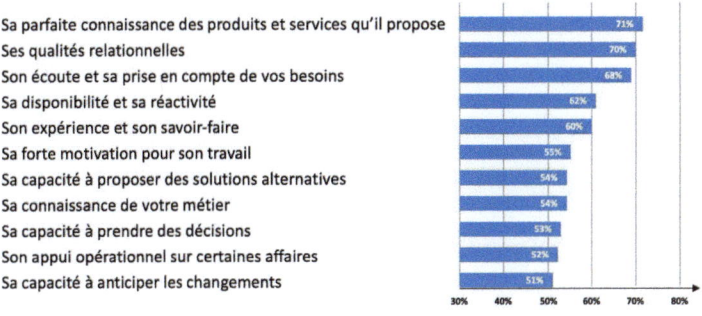

Source : CEGOS étude juin 2010

On est bien loin des idées reçues habituelles qui cantonnent le commercial à un individu hâbleur qui ne pense qu'à l'argent et qui serait prêt à vendre père et mère pour faire des affaires.

Ce que l'on demande à commercial c'est donc d'être un point d'appui sérieux et impliqué, apporteur de solution grâce à sa bonne connaissance de son offre, mais aussi son écoute, et sa prise en compte des problématiques de ses clients et de leur contexte.

Il doit être capable de jouer sur deux registres :

ATTENTES OPÉRATIONNELLES

- Être informé précisément
- Être conseillé
- Obtenir des réponses à ses questions
- Un service à la hauteur de la promesse

ATTENTES RELATIONNELLES

- Être écouté
- Être compris
- Être rassuré
- Avoir confiance
- Se sentir satisfait, apprécié

Conclusion

C'est pour cela que la vente est un sport de haut niveau. Car elle impose les mêmes choses que le sport de haut niveau :

- De l'entrainement quotidien
- De la maitrise technique
- De la remise en question
- L'acceptation de l'aide extérieure
- Le goût de l'effort
- De la résilience
- De l'ambition

D'ailleurs, un Chef d'orchestre rencontré lors d'un séminaire d'entreprise il y a fort longtemps proposait la définition suivante du génie : « *Le génie est celui qui n'a pas besoin de l'autre pour se révéler à son talent.* »

Les génies sont presque par définition des exceptions. Or nous gérons la règle.

Alors, quand bien même une personne posséderait toutes ces forces, il lui manquerait l'altérité pour étalonner et évaluer sa force de manière personnalisée. Il lui manquerait l'autre pour simuler les conditions d'une opposition concurrentielle afin de se préparer à la compétition.

C'est pour cela que l'encadrement est essentiel. Parce que, sauf exception, aucun individu ne peut posséder et conjuguer tous ces leviers sans aide extérieure.

Derrière le grand sportif, cherchez le grand coach.

Le coach du numéro 1 mondial de tennis ne joue pas mieux au tennis que le joueur. Il l'aide à devenir meilleur et à le rester.

Le patron d'une écurie de Formule 1 ne pilote pas mieux une Formule 1 que son pilote. Il crée et exploite avec lui les conditions pour que le talent et le travail de son pilote le porte vers les sommets.

De même, l'entraineur d'une équipe de football de haut niveau ne joue la plupart du temps pas mieux au football que ses joueurs. Mais il est capable de créer les conditions collectives et individuelles pour que tous les talents s'expriment harmonieusement et que les objectifs communs soient atteints.

Tu es commercial ? Ton management te procure-t-il ce dont tu as besoin pour performer ?

Tu es Dirigeant commercial ? Procures-tu ce qu'il faut à tes équipes pour qu'elles performent ?

DEUXIÈME PARTIE :
LES LEVIERS D'ACTIONS DU COMMERCIAL

La question est : sur quoi doit jouer le commercial pour exprimer son talent et faire la différence ?

Dans mes précédents ouvrages je décris des outils opérationnels et concrets, notamment une méthode de découverte, une méthode d'argumentation et une méthode de gestion d'objections. Ces pistes ont un caractère plutôt « technique ». Elles décrivent globalement des enchainements de phases et n'ont d'intérêt que si celui qui les utilise leur donne un sens. Et ce sens, est un des leviers d'action du commercial.

L'idée est que l'enchainement des étapes du plan de vente doit placer le commercial dans les meilleures conditions pour gérer les situations de vente. Ce, depuis la prise de rendez-vous jusqu'à la fidélisation. Un rendez-vous bien qualifié, un cadrage bien effectué, une découverte qualitative (exhaustive et méthodique) permettent une argumentation efficiente (ciblée et personnalisée), qui elle-même permet de gérer les objections (notamment celle du prix) sans qu'elles soient bloquantes. Cela doit amener à un *closing* logique et facilité.

Je propose d'insister dans cette partie sur 4 sujets qui, lorsqu'ils sont bien utilisés et maitrisés, procurent au commercial des facteurs de différenciation puissants.

Pourquoi vouloir se différencier ?

Pour plusieurs raisons :

1. L'offre surabondante : le monde dit « développé » est depuis la fin du XIXème siècle structurellement en surproduction. La capacité de production excède la capacité de consommation. Il en résulte que, sauf exception, pour satisfaire un besoin, un client a un choix

très large.

2. L'information accessible : les personnes qui sont en situation d'achat ont accès de manière autonome depuis la fin du XXème siècle à une quantité exponentielle d'information. Il en résulte que leurs exigences en matière de qualité attendue et de qualité conçue deviennent élevées et précises.

3. La relation sécurisante : le fond de discours des clients BtoB tient souvent en un mot : relation. Relation durable, relation équilibrée, relation de confiance, relation profitable. Bref, on veut que ça dure parce que ça peut coûter cher que ça ne dure pas.

Le job du commercial est de savoir concevoir et présenter des bonnes raisons de travailler avec lui.

L'obligation de se différencier est donc le fil conducteur de la réflexion et de l'action commerciale de toute entité qui a une ambition. Or, on le voit, il est de plus en plus difficile de se différencier, ou en tout cas de se différencier avec de vrais arguments, c'est-à-dire des arguments qui procurent le meilleur rapport effort/impact.

Dans cette partie, je vous propose d'examiner quatre leviers qui permettent d'y parvenir : la posture, la confiance, l'influence et le pouvoir.

2.1 La posture

La réussite en général, le domaine commercial n'y échappe pas, dépend de plusieurs facteurs dont la place et l'importance sont différentes d'un individu à l'autre et selon la période de vie de chaque individu.

Ces facteurs se combinent de manière à créer un cercle vertueux.

Dans le milieu professionnel, ces facteurs sont : la posture, la motivation, la formation et l'encadrement. Ce dernier peut d'ailleurs prendre le nom d'éducation lorsque l'on prend le prisme de l'environnement personnel.

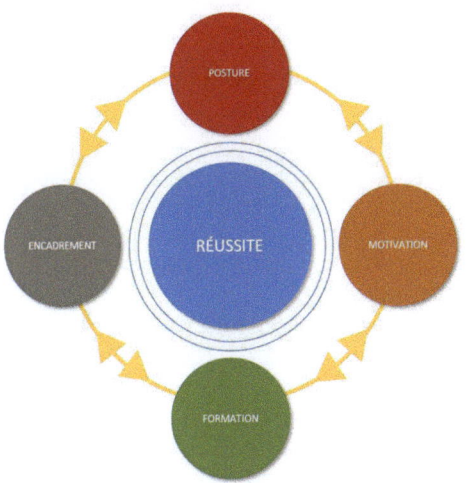

Considérons ici la posture avant tout dans une acception figurée « *d'attitude adoptée pour donner une certaine image de soi* » (Larousse) ; bien que le sens corporel, nous le verrons plus loin, soit lui aussi concerné : « *Position du corps ou d'une de ses parties dans l'espace* »

Geneviève Lameul, enseignante chercheure émérite en sciences de l'éducation et de la formation, propose en 2006 une définition : « *Une posture est la manifestation (physique ou symbolique) d'un état mental. Façonnée par nos croyances et orientée par nos intentions, elle exerce une influence directrice et dynamique sur nos actions, leur donnant sens et justification.* »

Dans un article d'automne 2016, la Revue Internationale de Pédagogie de l'Enseignement Supérieur (RIPES) note que « *la notion de posture est dans une grande proximité de sens avec* *nombre d'autres mots et concepts (attitude, habitus, profil, style, etc.) employés en complément ou à sa place selon les contextes d'usage. Leurs points de similitude se trouvent autour de deux idées : une **dynamique** entre des dimensions externes-internes du sujet et une **incorporation de l'effet de cette dynamique** pour sa traduction en une expression physique. Empreinte de toute la dimension interne et intime du sujet, la posture assure ce **passage d'une intériorité à une extériorité qui s'exprime dans et par le geste professionnel.** »*

Je propose donc d'examiner la réussite commerciale au travers du prisme de la posture du praticien de la vente ou de toute personne en situation de relation client.

On peut classer les composantes de la réussite en deux catégories :

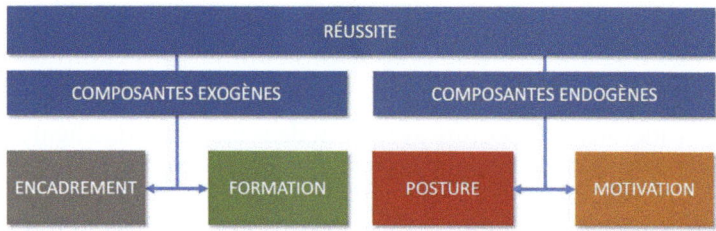

La posture n'est qu'un facteur parmi d'autres. Mais il a pour particularité d'être trop souvent mal exploité, voire carrément maltraité ou pas exploité du tout, par ceux qui en ont la responsabilité.

Examinons chaque facteur du schéma.

1) L'encadrement, ou management.

Pour moi, le management est l'art de placer le collaborateur en situation de performer.

Un encadrement bien pensé et bien mis en œuvre est un levier de réussite évident. Et l'inverse est vrai. Trop de commerciaux pourraient s'améliorer si leur encadrement s'améliorait lui-même -ne serait-ce qu'en ayant connaissance du contenu des formations que leurs collaborateurs reçoivent.

Lorsqu'on effectue le diagnostic d'une force de vente, on s'aperçoit (trop) souvent que la racine du ou des problèmes vient de l'encadrement et pas des commerciaux eux-mêmes. C'est pour cela qu'un bon programme de formation commerciale doit concerner les 2 catégories de population.

2) La formation

La formation, initiale ou continue, vient toujours remplir la case des savoirs, parfois celle des savoir-faire, et assez exceptionnellement celle des savoir-être. La formation ne fait que rendre les choses possibles, elle augmente les potentialités. Mais elle ne les assure pas. Car il y a formation bien sûr, mais aussi l'intérêt de la formation, la qualité de la formation, la compréhension de la formation, l'adhésion à la formation, la mise en pratique de la formation, le partage de la formation, et au final le sens de la formation.

Or, si l'on est d'accord avec la définition de la posture que je propose plus haut, on peut sans effort faire un parallèle entre savoir-être et posture.

La formation dite « comportementale » ainsi que le coaching opérationnel viennent heureusement faire mentir ce constat en enrichissant la formation dite « technique » par l'apport d'éléments centrés sur l'individu vis à vis de lui-même et sur l'individu dans le groupe. C'est pour cela qu'un bon programme de formation commerciale doit s'intéresser aux 3 sphères.

Contenu	Apprentissages	Pratique	Comportement
Expression	*Je connais...*	*Je sais...*	*Je suis...*
Exemples	Des techniques Des méthodes Des théories Des règles Des législations Des gestes	Concevoir Élaborer Évaluer Mettre en œuvre Répondre (à un A/O) Gérer (des KPI) Argumenter	Assertif Adaptable Crédible Fiable Communiquant Observateur

3) La motivation

Prenons la motivation comme étant « *ce qui pousse un individu à agir* » ; ou encore la mise en mouvement d'un individu afin de satisfaire un besoin.

La motivation est un levier éminemment endogène puisque c'est l'individu qui a un besoin, pas son organisation ou la personne morale pour laquelle il agit. Il n'existe pas d'entreprise qui se lève un matin et qui dit « *Tiens, aujourd'hui il faut que je prenne la commande chez untel.* » ou « *Il faut que j'augmente mon taux de transformation.* » ou encore « *Je veux prouver à toute l'équipe des commerciaux France que je suis et je reste le premier.* » C'est l'individu qui veut gagner plus d'argent, qui a le goût du challenge, qui veut se prouver des choses, ou qui se fera licencier s'il n'atteint pas ses objectifs, etc...

L'encadrement crée les conditions et le cadre de la motivation, pas la motivation elle-même. C'est l'encadrement qui fait en sorte que la stimulation reste motivation.

À ces fins, l'encadrement devra donc avoir connaissance des besoins des collaborateurs. Dans ce registre, l'intérêt de certains modèles (la Process com© pour ne citer qu'elle) est de fournir un état des lieux précis et opérationnel du fonctionnement des individus, de leur(s) personnalité(s) et des besoins -relationnels entre autres- de cette ou ces personnalités. Ainsi l'objet du travail des encadrants et des modalités d'encadrement qu'ils conçoivent et mettent en œuvre est de prendre en compte les leviers de motivations de leurs équipes.

La question sous-jacente est : jusqu'où l'encadrement doit-il personnaliser son management ?

4. La posture

Le meilleur moyen de se différencier n'est pas d'être différent pour être différent, mais avant tout, et tout simplement, d'être soi-même. Ou en d'autres termes, d'avoir une posture, *la bonne* posture.

Reprenons la définition de la posture évoquée plus haut. La posture est « une dynamique entre des dimensions externes-internes du sujet et une incorporation de l'effet de cette dynamique pour sa traduction en une expression physique. Empreinte de toute la *dimension interne et intime du sujet, la* **posture assure ce passage d'une intériorité à une extériorité qui s'exprime dans et par le geste professionnel.** »

On peut donc considérer que la bonne posture est celle qui montre à l'extérieur ce que nous sommes à l'intérieur. Que l'on est « aligné » et dans une dynamique productive qui permet de créer les conditions de la satisfaction des besoins et l'expression des motivations qui caractérisent notre personnalité ou notre identité. On pourrait dire *les* personnalités si l'on se réfère à l'approche proposée par certains modèles d'analyse de l'individu. Je pense notamment à la « base » et la « phase » du modèle Process Com©, ou la couleur dominante et les complémentaires du modèle DISC©.

Je le disais plus haut, la posture a aussi une dimension purement physique (« *position du corps ou d'une de ses parties dans l'espace »)*. Un corps avachi, des gestes hésitants, un regard fuyant, un visage fermé, un para verbal gênant (trop ou pas assez rapide, trop ou pas assez fort) sont autant de manifestations posturales qui disent beaucoup de nous. La posture traduit physiquement et émotionnellement une intention, une volonté, et pourquoi pas un désir (au sens spinozien s'entend).

C'est la posture qui fait la différence car elle interpelle l'humain, l'individu avec lequel on interagit, dans une dimension émotionnelle, intime, inconsciente, voire incontrôlée. Elle vient asseoir, catalyser ou rendre cohérent le reste des signaux verbaux et para verbaux envoyés par le commercial.

La posture est le liant comportemental et psychologique qui agrège et traduit la motivation et les compétences du commercial : maitrise de la méthode de vente, connaissance des produits, capacité d'observation, utilisation de l'écoute active, etc... Elle est l'expression visible, explicite, consciente, mais aussi inconsciente et implicite de qui nous sommes, de notre identité, de ce en quoi nous ne sommes pas l'autre. En cela elle constitue à l'évidence un puissant facteur de différentiation.

La base statistique que mon expérience de consultant formateur me procure est suffisamment large pour que je puisse en tirer quelques enseignements en matière de posture des commerciaux.

J'observe que les commerciaux les plus performants ont en commun au moins deux caractéristiques : ils aiment ce qu'ils font d'une part, et d'autre part, ils ne trichent pas, ils sont eux-mêmes (en bien et en mal). Ils sont en position de vie + /+ : ils sont bien avec eux-mêmes et bien avec les autres, ils jouent collectif (au moins quand ils y gagnent quelque chose à titre personnel), et acceptent l'aident de l'autre (pour leur profit). Il émane de ces commerciaux quelque chose de stimulant, d'entrainant, d'inspirant, de rassurant. Ils ont une bonne posture. Ils vont à la rencontre du prospect et du client avec une envie, une ambition, une motivation constructive, et une volonté de bien faire (au sens commercial s'entend).

J'observe que les commerciaux moyennement performants ou médiocres, voire défaillants ont souvent en commun une posture générale inadaptée à leur mission. Il se dégage d'eux des éléments inadéquats, des « manque de » : manque d'écoute, manque d'entrain, manque d'envie, manque de joie, manque de coopération, manque de recul, manque d'intelligence émotionnelle, manque de courage (au sens de : affronter ce dont on a peur), ... Ils sont, mais je reste prudent dans ce que j'avance car il est piégeux de généraliser, peut-être en phase de contre-dépendance ou d'indépendance avec des positions de vie vis-à-vis de tout ce qui n'est pas eux qui sont négatives dans les 2 phases (+/- pour le contre-dépendant et -/- pour l'indépendant).

Dans trop de cas, la posture du commercial est un mauvais mélange :

- D'a priori sur le métier : commercial c'est cool, il suffit de savoir parler et ça le fait,
- De passivité : ça ne va pas mais je ne fais rien, ou pas assez, pour que ça s'améliore. J'attends que d'autres le fassent pour moi,
- D'irresponsabilité : si ça ne va pas, c'est de la faute de mon patron ou des clients.

Pour illustrer cette situation, j'emploi la métaphore du nageur. Imaginons un individu qui a confirmé à son maitre-nageur qu'il pouvait nager 50 mètres en brasse. L'individu commence à nager. Sa nage est peu maitrisée mais il avance. Certes, au prix d'efforts disproportionnés, mais il avance. Le maitre-nageur marche au bord de la piscine, à la vitesse du nageur. Il ne le quitte pas des yeux, et tient une barre en métal que le nageur pourrait agripper en cas de besoin.

Au bout de 10 mètres le nageur montre des signes de fragilité. Sa nage devient plus poussive. Sa progression est lente et couteuse en énergie car il doit compenser son manque de maitrise par l'accélération de ses mouvements. Mais il continue, sans faire appel au maitre-nageur. Au bout de 20 mètres le phénomène devient très pénalisant. Le nageur a du mal à coordonner ses mouvements, il avale un peu d'eau, montre des signes d'essoufflement et de fatigue. 5 mètres plus loin il fait une très courte pause pour reprendre son souffle, puis repart sur les mêmes bases. 5 mètres encore et le voilà en très grande difficulté. Son corps n'est pas horizontal dans l'eau, il respire trop fort, crache de l'eau. Malgré de grands gestes désordonnés, il fait quasiment du sur place.

Le maitre-nageur est témoin de cette dégradation, il est disponible, mais n'est toujours pas sollicité par le nageur malgré ses propositions d'aide. Mais très rapidement le maitre-nageur décide que l'urgence de la situation lui impose de plonger dans le bassin afin d'aller chercher le nageur qui est en très mauvaise posture. L'objectif des 50 mètres n'est pas atteint.

Dans la situation décrite :

- Le nageur est le commercial.
- Le maitre-nageur est le manager du commercial.
- La distance représente l'objectif de chiffre d'affaires du commercial.
- La brasse représente la méthode de vente à mettre en œuvre.

Lors de la signature de son contrat, le commercial a accepté le contenu de sa mission et les objectifs. C'est comme s'il avait confirmé à son manager qu'il était opérationnel pour mener à bien sa mission de manière autonome et satisfaisante pour les 2 parties.

Or il a failli. Et si le maitre-nageur n'avait pas sauté dans l'eau, il serait mort. Considérons ici mort comme étant une situation d'irréversibilité (l'objectif n'est pas atteint et ne pourra plus l'être). Le comportement du nageur est malheureusement représentatif d'un grand nombre de commerciaux. Selon les cas, ils réhabilitent ou au contraire ignorent Socrate et son « *Je sais que je ne sais pas* » ; Trop nombreux en effet sont les commerciaux qui s'engagent sur la voie du commerce sans avoir une connaissance suffisante de cette activité ô combien précieuse et importante.

Certains, je le disais plus tôt, sont bourrés d'a priori dont le dominateur commun est « La vente c'est facile ». Donc les notions d'effort, d'entrainement, de remise en question, ou encore d'engagement ou d'acceptation de l'aide du manager sont totalement absents de leur approche.

D'autres, au contraire, pensent savoir car leurs résultats antérieurs, réels ou supposés (combien de commerciaux croise-t-on qui disent, en gros, qu'ailleurs et avant ils étaient des cadors...) étaient satisfaisants. Comprendre satisfaisants par : suffisants pour surnager sans trop changer. Cette croyance plus ou moins sincère les amène à reproduire où qu'ils soient les mêmes pratiques et avec elles les mêmes erreurs. Ceux-là aussi pensent ne pas avoir besoin d'aide... puisqu'*ils savent*.

Dans tous les cas, la posture est mauvaise. « Je crois que je sais », ou « Je sais mais je n'ai pas le courage de confronter mon savoir à la réalité. » Aucun des 2 postulas ne fonctionne bien. Or ces 2 deux approches sont très répandues.

Autre exemple : la phase de découverte. Durant une formation commerciale, lorsque qu'arrive le sujet de la phase de découverte, je pose la question suivante : « En moyenne, combien de questions posez-vous pendant la phase de découverte ? » Les réponses se situent entre 4 et 8. Or, une bonne découverte comprend une quarantaine de questions. Et lorsque l'on énumère ces 40 questions, il se trouve souvent une majorité de commerciaux pour dire qu'il y en a beaucoup trop, que les clients ne vont jamais y répondre, que les clients vont dire que c'est un interrogatoire de police... La vérité, c'est que trop de commerciaux ne comprennent pas l'importance capitale d'une bonne découverte et qu'ils en font une petite formalité (ils la font même parfois *après* la phase d'argumentation !). Et ce sont les mêmes qui demandent comment on traite l'objection du prix car ils n'ont toujours pas intégré que les aspects financiers de la transaction doivent être « découverts » et non abordés lors de la phase d'argumentation. La vérité c'est que trop de commerciaux ne comprennent pas le sens réel de ce qu'ils font. Leur posture indique une dynamique inappropriée à leur fonction car elle reflète une perception partielle ou erronée (ou les 2 en même temps) de la démarche commerciale.

Au-delà donc des formations techniques, d'un management technique, d'une approche technique, d'arguments techniques ou de techniques d'argumentation, la prise en compte de la posture du commercial est un élément essentiel de la réussite du projet commun entre l'employé et l'employeur. L'enjeu dans la collaboration manager/collaborateur est de donner toute sa place à la posture du commercial et, si besoin, de travailler dessus afin de guider le collaborateur vers une phase du cycle d'autonomie qui est compatible avec sa mission. L'idée est que le commercial puisse exprimer son potentiel en alignant ses actes avec ses valeurs et ses croyances. En d'autres termes, que le commercial soi lui-même.

Personne ne peut performer, entendre ici obtenir durablement le meilleur de lui-même, s'il n'est pas en accord avec lui-même. Cela suppose de se connaitre et de se comprendre soi-même et de s'accepter. Cela suppose aussi de savoir faire des concessions et seulement des concessions (pas des abandons) qui ont du sens. Dans une posture positive et en dynamique, la concession reste une concession en cela que le bénéfice que l'on obtient en renonçant à quelque chose nous rapporte davantage que ce que cet abandon nous coûte.

Dans ce contexte, notre nageur aurait pu faire une concession en avouant qu'il n'était pas sûr de savoir si bien nager que cela (ou faire un don à son intelligence, c'est comme on veut), ou qu'il était capable de faire les 50 mètres, mais en faisant une nage pas très conventionnelle, mise au point pas lui-même. Perfectible, certes, mais suffisante pour faire les 50 mètres. Dans ce cas le maitre-nageur aurait pu le laisser faire cette nage, l'évaluer avec lui dans un échange constructif, et corriger ce qui devrait l'être, pendant ou après le processus.

Il y a des phénomènes qui nous détournent de notre alignement naturel. L'objet ici n'est pas de proposer une approche purement psychologique, je n'en ai ni l'envie ni la compétence. Mais il est de rappeler l'idée que pour qu'un individu mette en œuvre un changement (de posture, ou de perception par exemple), il doit lui trouver du sens, et aussi obtenir un bénéfice, même modeste, mais surtout rapide.

Ce qui empêche d'être soi-même peut avoir plusieurs causes, certaines endogènes et d'autres exogènes.

Les causes endogènes :

Cause	C'est....	Quand c'est mauvais, cela se manifeste par...
L'estime de soi	Le jugement ou l'évaluation qu'une personne a de sa propre valeur.	• Auto-critique importante • Hypersensibilité aux remarques • Indécision chronique • Culpabilité • Irritabilité • Pessimisme
La confiance en soi	Estimation négative de la capacité à faire, dans ses propres compétences	• Inaction • Repli sur soi • Procrastination • Autodestruction • Fuite

Les causes exogènes :

- Un mauvais relationnel
- Des désaccords
- Des divergences de vue
- Le rejet
- L'abandon
- La trahison
- L'humiliation
- L'injustice

Pour performer dans la durée il est important de penser et agir en étant soi-même. Ce qui peut vouloir dire : par soi-même et pour soi-même ; ou encore de manière autonome (selon la phase du cycle dans laquelle on se trouve) et en fonction de sa propre motivation (qui est endogène).

Il est important aussi de savoir doser et adapter son action et ses efforts. Le commercial performant saura mettre en corrélation ses actions avec le diagnostic et les priorités de ses comptes clients. Autrement dit, il saura QUOI faire, COMMENT le faire, QUAND le faire et avec quels MOYENS, en fonction de la situation de chacun de ses comptes clients.* Il saura évaluer la pertinence de ses actions.

L'une des clés de l'optimisation de l'action du commercial tient dans sa capacité à identifier les bonnes actions à mener. Cela consiste à faire un corolaire entre l'effort pour réaliser l'action d'une part, et l'impact de cette action d'autre part.

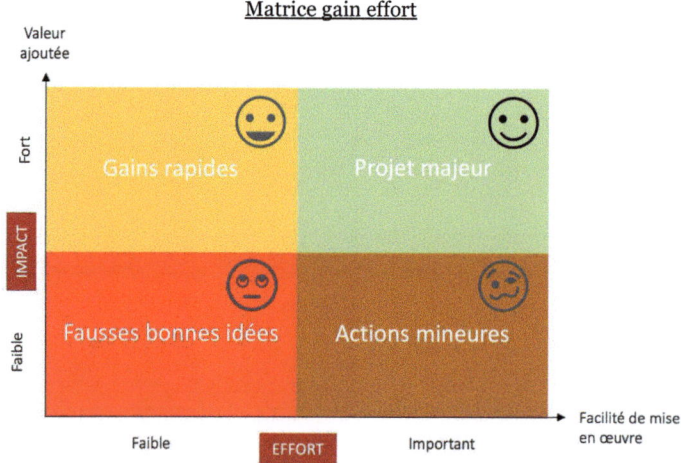

Dans ce schéma, l'effort est évalué par la facilité de mise en œuvre de la tâche, et l'impact est évalué par la valeur ajoutée que procure la réalisation de la tâche.

On distingue donc :

- Les gains rapides (actions à impact fort, effort faible) : ce sont les actions qui ont un retour sur investissement (ROI) très important, et sur lesquelles il faut se concentrer en priorité.
- Les projets majeurs (actions à impact fort, effort important) : les tâches demandent du temps et un investissement important, mais le jeu en vaut la chandelle. Ce sont souvent des projets de long terme.
- Les fausses bonnes idées, aussi appelée « Attendre » (actions à impact faible, effort faible) : elles sont faciles à mettre en place mais leur faible retour sur investissement n'en fait pas une priorité. On attend d'avoir du temps libre pour s'y atteler.
- Les actions mineures, aussi appelée « Ne pas faire » (actions à impact faible, effort important) : beaucoup de sueur pour pas grand-chose. Il est préférable d'allouer ses ressources à d'autres tâches.

On peut enrichir ce travail en utilisant le tableau suivant (qui se nourrit des tableaux Qualité/compétence de Franck, Eric et moi-même) :

Tâche	Facilité	Impact	Coefficient	Indice de priorité
Tâches de nature A				
Tâche A.1	5	1	5	25
Tâche A.2	1	1	5	10
Tâches de nature B				
Tâche B.1	1	1	3	6
Tâches de nature C				
Tâche C.1.	1	1	2	4

La colonne coefficient affine l'analyse en introduisant un coefficient pondérateur, disons d'importance (c'est-à-dire contribuant plus ou moins à l'atteinte des objectifs), lié à la nature de la tâche et sa place dans la stratégie de l'entreprise. Chaque valeur est comprise entre 1 et 5 (1 = peu de valeur et 5 = valeur élevée).

Dans ce tableau :

- Les tâches les plus importantes sont dans l'ordre : A (coefficient 5), puis B (coefficient 3) puis C (coefficient 2)
- L'indice de priorité se calcule en additionnant le score de facilité et le score d'impact, puis en multipliant le résultat de cette addition par le coefficient d'importance. Ainsi, pour la ligne « Tâche A1 » nous avons : $(5 + 1) \times 5 = 25$

L'intérêt de ce tableau est qu'il suppose (ou plutôt impose si on fait ce travail sérieusement) de lister de manière exhaustive toutes les tâches qui doivent être effectuées dans le cadre d'une mission (ici la liste est volontairement réduite pour des raisons de présentation). Ce travail est souvent révélateur de l'impact plus ou moins conscient de l'idée que « l'adulte priorise selon ses affinités ». Il sera de surcroît rendu encore plus pertinent s'il est effectué en trinôme : le commercial concerné, son manager et une tierce personne qui connait le sujet et la situation (un consultant par exemple). L'apport de la tierce personne réside, entre autres, dans son approche sensément plus objective que celle des 2 autres protagonistes, puisque délestée du contenu émotionnel que peut avoir la relation manager/collaborateur.

2.2 La confiance

La confiance est une notion tellement importante qu'il faut dès maintenant s'accorder sur le, ou plutôt les, sens du mot.

Le dictionnaire Larousse nous indique que la confiance est :

1. Une assurance, une hardiesse, un courage qui vient de la conscience qu'on a de sa valeur, de sa chance : « *faire face aux difficultés avec confiance* ». Ses synonymes sont espérance et foi. Ses antonymes sont anxiété, appréhension, crainte, et doute.
2. Le sentiment de quelqu'un qui se fie entièrement à quelqu'un d'autre, à quelque chose : « *Notre amitié est*

fondée sur une confiance réciproque. » Son synonyme est crédit. Ses antonymes sont méfiance, défiance et suspicion.

3. Un sentiment d'assurance, de sécurité qu'inspire au public la stabilité des affaires, de la situation politique : la confiance des épargnants envers l'État. Ses antonymes sont anxiété et crainte.

4. En droit : l'appui donné au gouvernement par la majorité du Parlement.

Elle peut aussi être définie comme étant « un état psychologique se caractérisant par l'intention d'accepter la vulnérabilité sur la base de croyances optimistes sur les intentions (ou le comportement) d'autrui ».

On peut donc faire 3 constats :

CONSTAT 1 : la confiance renvoie à l'idée que l'on peut se fier à quelqu'un ou à quelque chose.

CONSTAT 2 : la confiance est une dynamique tournée à la fois vers soi, et aussi vers l'autre.

CONSTAT 3 : la confiance est en sentiment, c'est-à-dire une connaissance comportant des éléments affectifs et intuitifs.

2.1.1 L'importance de la confiance

Confiance n'est pas crédulité car la crédulité est du domaine de la croyance, alors que la confiance penche plutôt vers le savoir ou la connaissance.

La philosophie, et plus récemment la sociologie (concept de « socialité »), ont bien mis en exergue que la confiance est le socle de toute relation humaine, elle est une condition nécessaire, et parfois suffisante, à la création mutuelle d'une relation dynamique et féconde.

Sans confiance, la relation humaine, professionnelle ou

personnelle, ne génère pas tous les effets positifs qu'elle pourrait. Cela s'applique à la notion de confiance en soi, c'est-à-dire la confiance en nos propres « capacités à », ou compétences ; tout autant qu'à la notion de confiance en l'autre, c'est-à-dire la propension à se fier à l'autre. D'aucun affirmera que la confiance en soi est un préalable à la confiance en l'autre. Autrement dit : je peux me fier à l'autre parce que je me fie à moi-même. Plutôt d'accord avec cette idée et je pense qu'il faut creuser un peu. Voici une analyse purement empirique.

Un manque de confiance en soi peut engendrer une situation peu satisfaisante pour celui qui la ressent, voire même handicapante socialement. Cette insatisfaction poussera généralement l'individu « normal » à chercher une solution : construire sa confiance en soi, ou faire une espèce de transfert (acception non psychanalytique) de confiance vers un autre que soi.

Ce choix est un choix individuel, souvent intime, qui peut être fait de manière autonome, ou être influencé par le contexte dans lequel l'individu évolue : financier, affectif, compétition (sportive, professionnelle, amicale, familiale...), ou autre.

Cet « autre » que soi peut être choisi parce qu'il est « comme soi ». Il y a ici un phénomène d'identification et de partage. Partage de la crainte, partage du doute, partage de la galère, partage du mal être. Mais il peut être choisi *a contrario* pour tout ce en quoi il n'est pas soi. On s'en remet à la confiance en soi de l'autre comme pour s'y arrimer et prendre une part de cette confiance en soi ; ou bien, par un phénomène d'identification, s'abandonner à l'autre en se diluant dans la personnalité de l'autre. Cet autre peut à l'extrême ne pas être choisi, mais au contraire nous avoir choisi... Nous devenons une proie. Dans ce cas, le manque de confiance en soi génère une vulnérabilité (on peut facilement être atteint) et une dépendance (on dépend du bon vouloir et des intentions de l'autre) puisque que l'on attend d'autrui qu'il compense ou annule les effets de notre propre manque de confiance en soi.

De fait, une confiance en soi solide et sereine permet de considérer positivement l'altérité comme une source d'échange, d'enrichissement, de curiosité, de construction, ou encore d'opportunité.

Il y a là un phénomène de perception ou de filtre. L'autre reste ce qu'il est (ou pas, d'ailleurs...). Mais c'est notre propre perception de l'autre qui varie en fonction de notre évaluation personnelle de notre « capacité à » et de l'état émotionnel que cela engendre. La qualité de la relation avec un même individu dépendra de notre perception de celui-ci et accessoirement de ce que cet individu veut (ou pas) montrer de lui.

C'est pour cela que l'un des aspects fondamentaux de la fonction de commercial est la capacité à questionner. Questionner pour aller au-delà de la perception, des idées reçues, des a priori. Bref, des filtres. Compléter l'émotion par la raison.

Mais partir de la confiance en soi pour construire la relation interpersonnelle ne suggère pas une approche de la relation qui serait ou devrait être égocentrée. L'idée n'est pas ici d'opposer les *losers* (ceux qui n'ont pas confiance en eux) aux *winners* (l'inverse). L'idée n'est pas non plus de décréter que l'unique prérequis à la confiance en l'autre est la confiance en soi. Ni d'affirmer que sans confiance en soi point de confiance en l'autre.

L'idée est d'identifier ce qui participe de la construction de chacun tout en tenant compte, comme nous l'avons vu précédemment, (1.2.2 Les zones de liberté) des positions de vie de chacun, c'est-à-dire comment chacun se sent avec lui-même (+ ou -) et comment chacun perçoit l'autre (+ ou -).

Notre évaluation de nous-même par nous-même varie selon les phases de notre vie ; notre confiance en soi en suit l'évolution.

2.1.2 Comprendre la confiance

Ce livre n'étant pas un manuel de développement personnel,

nous n'aborderons pas des techniques de construction de la confiance en soi, mais examinerons prioritairement dans cette partie la confiance en l'autre dans une finalité commerciale.

Nous l'avons vu, la confiance résulte d'un choix et en tant que tel, il n'est pas « neutre ». Il y a dans une démarche de confiance un parti pris, un postulat, un risque.

Comme le décrit Michela MARZANO dans son article « Qu'est-ce que la confiance ? », « *conclure une alliance ou promettre quelque chose, en effet, est une manière de rendre prévisible et maîtrisable le futur, soit parce que l'on s'engage envers un tiers à faire quelque chose, soit parce que quelqu'un nous assure de sa parole.* »

La confiance est cet outil sensible et subjectif qui satisfait notre besoin de vision de l'avenir, de pré vision. Mais il introduit une notion d'obligation puisqu'en plaçant sa confiance en moi, l'autre attend de notre relation une sécurisation, une amélioration. En acceptant cette alliance, les acteurs du processus acceptent aussi de devoir se rendre mutuellement des comptes. Il y a donc un besoin de fiabilité. Il se produit donc, comme l'appelle Russel HARDIN, un « enchâssement d'intérêts ». L'alliance mutuelle de confiance suppose un accord réciproque de crédibilité et de fiabilité. Accord qui se nourrira de la capacité des 2 (ou plus) acteurs à créer entre eux une proximité relationnelle, un courant de communication propice à jeter les bases d'une connaissance et une compréhension mutuelles satisfaisantes pour tous les protagonistes.

Je résume donc les ingrédients évoqués ici : crédibilité, fiabilité, proximité.

Nous y sommes presque...

Auteur de « Trust-Based Selling » (La vente basée sur la confiance), Charles H. Green a créé spécialement pour Accenture ce qui s'appelle « l'équation de la confiance ».

Reconnue comme référence de toute réflexion sur la nécessité d'inspirer confiance à l'autre pour lui vendre quelque chose, cette équation met en relation les 3 ingrédients évoqués jusqu'ici, et en ajoute un 4ème : l'auto centrage.

Équation de la confiance

$$\text{CONFIANCE} = \frac{\text{CRÉDIBILITÉ} + \text{FIABILITÉ} + \text{PROXIMITÉ}}{\text{AUTO CENTRAGE}}$$

Cette équation a plusieurs mérites : elle est complète, simple et claire.

Décrivons-là :

1. La confiance en l'autre est un rapport entre 4 éléments, 3 au numérateur, et 1 seul au dénominateur.
2. Les 3 éléments du numérateur s'additionnent.
3. La présence d'un dénominateur implique une possible modification du numérateur (sauf si auto-centrage = 1)

Revenons de manière synthétique sur les éléments :

Composante	Signification
CRÉDIBILITÉ	Je sais de quoi je parle, j'ai l'expertise nécessaire
FIABILITÉ	J'ai prouvé que je fais ce que je dis, on peut compter sur moi
PROXIMITÉ	J'entretiens la relation, je suis proche des gens
AUTOCENTRAGE	Je suis tourné vers les autres

Chaque composante peut être évaluée par une valeur chiffrée. Ainsi, un individu ayant une bonne performance sur une composante aura une valeur chiffrée élevée. Cette évaluation des résultats chiffrés d'un individu peut idéalement être réalisée comme je l'indiquais précédemment, de manière croisée par l'individu lui-même, et par un second individu. Dans le cas où le second individu serait impliqué dans l'alliance de confiance, l'apport d'une troisième personne non impliquée dans l'alliance serait un plus.

Convenons que :

- Les valeurs du numérateur sont comprises entre 1 et 5.
- La valeur du dénominateur est comprise entre 0,5 et 2.

Dans ce cas :

- Le score maximal de l'équation se calcule comme suit : 5/5 aux 3 composantes du numérateur, divisé par 0,5, la borne basse du dénominateur. Soit : (5 x 3) / 0,5 = 30.
- Ainsi, selon le même principe, le score minimal s'établit donc à (1 x 3) / 2 = 1,5.
- Et la moyenne arithmétique se situe à (30+ 1,5) / 2 = 15,75

Prenons alors l'exemple d'un individu A qui présente la configuration suivante :

$$\text{CONFIANCE} = \frac{5 + 2 + 4}{1} = 11$$

- Son résultat est en dessous de la moyenne.
- Il a le score maximal en crédibilité, un score faible en fiabilité et un score élevé en proximité.
- Le score mathématiquement neutre de son dénominateur n'impacte pas le numérateur.

On pourrait dire de cet individu qu'il est très crédible, peu fiable, proche de ses clients, et pas plus centré sur lui-même que sur les autres.

Cette configuration pourrait suggérer que le commercial :

- Connait très bien son métier, son offre produit/service, c'est un pro.

- Mais qu'il est obligé d'effectuer un « sur suivi » de ses clients (de sur communiquer) pour compenser une perte de crédibilité liée aux mauvaises performances de l'entreprise en tant que fournisseur.
- Tout en n'essayant pas suffisamment de concilier de manière optimale problématiques internes (problèmes de mise en œuvre des commandes clients, luttes entre services, gammes obsolètes, etc...) d'un côté, et problématiques de ses clients de l'autre.

Et comme ça n'est pas aux clients de résoudre les problèmes internes de l'entreprise qui génèrent les problèmes de prestation, la piste de travail pour ce commercial pour améliorer son score de confiance est résolument interne. En se tournant d'avantage vers ses collègues en vue de trouver des solutions aux problèmes, il augmentera le score de son dénominateur et se placera en situation d'augmenter sa fiabilité.

C'est le commercial qui a le pouvoir de décider de ce qu'il fait, et la responsabilité de ses choix et de leurs conséquences. Cette situation peut engendrer une lassitude qui fait dire au commercial « Je me décarcasse pour satisfaire les clients, mais la boite n'est pas à la hauteur ! », et avec cela favoriser l'un des fléaux économique et relationnel en entreprise : le *turn over* des personnels.

Et ne perdons pas de vue que ce même commercial se pose aussi la question de la confiance qu'il accorde à ses collègues, ceux avec lesquels il doit trouver des solutions pour ses clients.

La confiance est un cercle, vertueux ou vicieux, une chaine. La particularité d'une chaine est qu'il suffit qu'un seul de ses maillons ne cède pour que le tout cède (changement de type 2 subi).

2.1.3 Construire la confiance

Le graphique ci-après donne quelques pistes de travail.

Chacun des 6 points évoque une situation positive, presque idéale. Mais bien sûr, pas d'angélisme ni de naïveté. L'entreprise, en tant que société humaine, devrait théoriquement être un lieu où les énergies s'agrègent naturellement en vue d'atteindre un objectif commun (je n'irai pas jusqu'à écrire « un idéal commun » mais cela pourrait se concevoir…). Mais les égos font souvent la loi, et la culture du silo, les querelles de chapelles, la rétention d'information et autres prés carrés règnent malheureusement trop souvent en maitres. Alors il faut beaucoup de motivation et d'énergie pour rester dans une perspective constructive et incarner une dynamique positive. C'est aussi pour cela que la vente est un sport de haut niveau.

Schéma de la construction de la confiance

Au-delà des schémas tous faits que l'on trouve aisément sur internet sans parfois prendre le temps de les mettre en perspective, chacun des 6 cercles décrit une action qui implique non pas une, mais plusieurs personnes. Cela réaffirme l'omniprésence de l'interaction humaine, notre « socialité » qui renvoie à un « *ensemble des liens sociaux découlant de la capacité de l'homme à vivre en société* ». La confiance ne se bâtit pas seul, elle se bâtit socialement. Ce commercial a besoin des autres pour augmenter la confiance que les clients placent en lui.

Être en connaissance des composantes et des enjeux de la confiance doit donc nous aider à trouver les moyens de construire la confiance. L'individu désireux de travailler devra avant tout effectuer un diagnostic en utilisant l'équation. Il répondra à une série de questions :

1. Quelle est ma situation actuelle ?
2. Quelle devrait ou pourrait être ma situation ?
3. Quels sont les écarts entre ces 2 situations ?
4. Comment est-ce que je réduis ou annule ces écarts ?

Ici, notre commercial se fixe pour objectif de plus que doubler son score de confiance car il veut atteindre 24 (rappel le meilleur score possible est 30). Ses pistes de travail sont :

1. La fiabilité, qu'il décide prudemment de faire monter de 2 à 3 (+50%)
2. L'auto centrage, qu'il décide de diviser par 2 en passant de 1 à 0,5.

Score de	Situation actuelle	Situation recherchée	Écart
Confiance	11	24	13
Crédibilité	5	5	0
Fiabilité	2	3	1
Proximité	4	4	0
Auto centrage	1	0,5	0,5

Le calcul est mécanique. En investissant dans la coopération avec ses collègues, le commercial attend 2 bénéfices : la diminution de son auto centrage d'une part, et l'augmentation de sa fiabilité d'autre part grâce aux conséquences bénéfiques de la coopération qui permet d'améliorer la qualité de prestation livrée aux clients. Les 2 inconnues sont : l'éventuelle, et assez prévisible, résistance au changement des collègues, et... le temps.

Il faut par ailleurs souligner que dans ce processus, le commercial dispose d'une ressource universelle : le pouvoir, c'est-à-dire la capacité à influer sur le cours des choses. Il a davantage de pouvoir sur ses collègues que sur ses clients. Premier bon point. Mais la personne sur laquelle il a le plus de pouvoir, c'est... lui. Il agit donc sur lui avant d'attendre des autres. Deuxième bon point.

À titre récréatif et détendu (mais sérieux quand-même) je cite Maxime ROVERE dans son ouvrage « Que faire des cons ? » (Flammarion) : « *On est toujours le con de quelqu'un ; les formes de la connerie sont en nombre infini ; et le principal con se trouve en nous-mêmes. Après avoir dit ça on pourra commencer à réfléchir.* » Il ajoute plus loin « *Changer les situations, pas les personnes.* »

Le fond n'est pas nouveau. Ce qui l'est, c'est d'aborder des vérités humaines connues depuis des millénaires, sous l'angle de notre rapport aux cons.

Il en ressort que pour se changer, il vaut mieux, sans toutefois cultiver une autarcie acharnée, ne compter que sur soi-même, et se donner le droit à l'erreur, de l'indulgence, et du temps.

2.3 L'influence

Quel sujet !

Et quel sujet sensible !

Aborder ce sujet c'est aborder un sujet qui interpelle chacun et chacune d'entre nous souvent de manière émotionnelle. Il est intéressant de signaler que lorsque que je parle d'influence avec quelqu'un, un individu ou un groupe de formation par exemple, les gens font souvent l'amalgame entre influence et manipulation.

Quelques précisions s'imposent, même si, soyons objectifs, les approches lexicales sur les différences entre les 2 termes diffèrent d'une source à une autre et selon les sensibilités. Selon les sources, la différence entre les 2 termes n'est pas très marquée ou ne se situe pas toujours au même endroit. Elles sont même parfois considérées comme étant synonymes, 2 mots différents qui disent la même chose.

Selon moi il n'en est rien. L'influence n'est pas la manipulation.

L'influence implique une motivation transparente alors que la manipulation inclut l'idée de tromperie sans aucun avantage pour la personne manipulée. On doit distinguer l'influence de la manipulation même si elles utilisent les mêmes outils et ressorts psychologiques, et même si elles sont tout aussi difficiles à déceler.

Regardons Wikipédia :

« En psychologie, l'influence consiste à œuvrer dans l'objectif de faire adopter un point de vue à une autre personne. L'influence opère une inflexion : celui qui aurait pensé ou agi autrement s'il n'était pas influencé se dirige dans le sens que souhaite l'influent de façon apparemment spontanée. »

L'influence a pour objectif de modifier le comportement d'une cible, sans recours à la contrainte ou la coercition, dans une visée ici commerciale (obtenir un accord). Dans ce cas, les individus ciblés agissent de leur plein gré, consciemment ou pas, alors que dans le cas de la contrainte ils agissent consciemment contre leur gré.

C'est donc limpide : l'influence est partout et tout le temps. Qui peut dire honnêtement qu'il n'a jamais cherché à influencer quelqu'un ? Cherchez bien (mais pas trop longtemps non plus). Vous avez trouvé ? Non, bien sûr, car personne ne saurait défendre sérieusement cette idée.

L'influence est une action dynamique, consciente ou inconsciente. Elle exprime une volonté, une motivation. On influence l'autre parce qu'on veut obtenir quelque chose de l'autre. Il faut donc pour cela une ou plusieurs actions de l'influent vers l'influencé. Autrement dit, pour influencer il faut communiquer. Il doit y avoir la mise en commun d'éléments, un flux, un ou plusieurs envois d'informations ou stimulus. Dès lors, l'influent doit faire des choix quant aux moyens à utiliser en vue de se donner les meilleures chances d'influencer l'autre. Choix qui s'opèrent donc afin de déterminer la communication et les stimulus à mettre en œuvre pour influencer.

La base de la communication tient en 3 questions : Qui (l'émetteur) dit Quoi (le message) à Qui (le récepteur) ?

Dans cette relation :

- L'émetteur, c'est l'influent, celui qui « *œuvre dans l'objectif de faire adopter un point de vue à une autre personne.* » Sa mission : déterminer ce qu'il faut dire et comment le dire.
- Ce qu'il faut dire c'est le message. C'est l'information qui est transmise, les données qui sont poussées vers l'autre.
- Comment le dire : le (ou les) moyen(s) à utiliser pour s'assurer de la livraison de l'information vers l'influencé (le

récepteur) et, en recevant un *feedback*, de sa prise en compte par celui-ci.

L'influent atteindra plus sûrement son but s'il parvient à établir une sorte de diagnostic du futur influencé. Il devra être en mesure d'établir un profil dynamique de l'individu (ou de ce qu'il ambitionne d'influencer). J'entends par dynamique l'idée de décrire l'autre dans une « version en mouvement », c'est-à-dire en l'appréhendant dans sa manière de se projeter dans l'avenir. C'est en déterminant la situation actuelle de la personne à influencer, sa situation future, ainsi que ce qui peut favoriser ou freiner le passage de la première à la seconde situation, que l'influenceur trouvera les clés de son action. En réalisant ce travail, l'influent déterminera ce qui déclenche la mise en action de l'autre, et saura donc créer les conditions de cette mise en action à son profit.

Le commercial doit influencer ses prospects pour qu'ils deviennent clients et ses clients pour qu'ils le restent.

On peut se référer aux travaux de Robert Cialdini qui a identifié les facteurs auxquels nous prêtons particulièrement attention pour effectuer notre « choix primitif » (choix qui aura la plus grande probabilité de servir au mieux mes intérêts). Ces facteurs sont au nombre de 6 (pour plus d'informations : https://blog.teambakery.com/influence-et-manipulation-robert-cialdini/)

Facteur 1 : La réciprocité.
Nous avons naturellement tendance à vouloir **rendre la pareille** quand nous recevons un service : nous en sentons *obligés*. Selon certains anthropologues, cette propension à la réciprocité serait au fondement même des sociétés humaines, qui ont pu se construire parce que nos ancêtres ont appris à *"mettre en commun compétences et nourriture dans un réseau d'obligations mutuelles"*.
Tactiquement, le commercial donne avant qu'on lui donne, donne même si on ne le lui demande pas. Le phénomène des **concessions réciproques** fonctionne sur le même principe :

on se sent obligé de faire une concession à qui nous en a fait une.

Facteur 2 : L'engagement et la cohérence
Le deuxième levier d'influence identifié par l'auteur est notre désir de **paraître cohérent** dans notre comportement et notre propension à agir de façon à justifier nos décisions antérieures. Comme tous les autres signaux, celui-ci nous est nécessaire, que ce soit pour décider avec assurance et constance face au flux continu d'informations qui nous assaille quotidiennement, ou pour paraître digne de confiance auprès d'autrui. Et comme tous les autres, le désir d'être cohérent peut aussi être utilisé pour servir de levier d'influence aux commerciaux.

Facteur 3 : La preuve sociale
Ce facteur repose sur un mécanisme très simple : **en l'absence de meilleures informations, nous nous rangeons généralement à l'avis des autres.** Autrement dit, nous trouverons bon ce que d'autres personnes pensent être bon. Et ce signal est tout aussi nécessaire et rationnel que les autres : il y a le plus souvent davantage de bénéfices que d'inconvénients à nous conformer aux indications fournies par le groupe social, qu'il s'agisse des qualités d'un produit ou de ce qu'il faut penser d'une entreprise.

Facteur 4 : La sympathie
Sans surprise, **nous faisons davantage confiance à qui nous inspire de la sympathie,** que ce soit de manière passive (apparence physique, similitude) ou activement provoquée, en se montrant sympathique dans son comportement, ou, plus subtilement, en utilisant l'intermédiaire d'une personne proche de la cible. Nul besoin d'expliquer l'utilité de ce facteur dans la prise de décision en situation d'information incomplète. Et pourtant, la force de ce facteur, c'est justement sa simplicité : il existe mille manières de provoquer la sympathie. Certaines sont suffisamment subtiles pour nous amener à baisser la garde, et c'est précisément là que se trouve toute la puissance de la sympathie en tant qu'arme d'influence.

Facteur 5 : L'autorité
Du latin *auctoritas*, qui renvoie au caractère de ce qui a été augmenté, l'autorité désigne un pouvoir qui se fait obéir sans avoir besoin de recourir à la force ou à la conviction : **par définition, on ne résiste pas à l'autorité.** Ce signal est donc par essence un automatisme, qui est internalisé par chacun au cours du processus de socialisation : parce que la société est fondée sur un réseau hiérarchisé de structures complexes, il faut que ses membres obéissent rapidement aux injonctions qui leur sont données par plus compétents qu'eux. Autrement dit, obéir aux autorités compétentes sans les questionner est le plus souvent l'attitude la plus raisonnable à adopter.
Pourtant, comme tout automatisme, celui-ci peut être détourné efficacement. L'exemple le plus célèbre en est certainement l'expérience du Professeur Stanley Milgram, qui parvint, lors d'une expérience, à pousser des participants à "électrocuter" d'autres personnes (qui étaient en réalité des acteurs) jusqu'à des voltages très élevés. Le Professeur Milgram se servait alors de deux éléments d'autorité complémentaires : d'une part, **son statut** combiné de scientifique et de professeur, et d'autre part, **le cadre** de l'expérience scientifique qui était censé garantir le caractère acceptable de ce qui y était mené. Le commercial doit se poser 2 questions : est-ce que je représente une autorité pour mon client, et cette autorité a-t-elle un rapport avec le sujet de mon client.

Facteur 6 : La rareté
Ce facteur ne surprendra aucun lecteur ayant des notions en économie : en vertu de la loi de l'offre et de la demande, la rareté relative d'un bien accroît sa valeur. Pourtant, la force de ce signal est qu'il va bien au-delà des objets marchands et s'applique en réalité à de nombreuses interactions sociales. De fait, les occasions qui nous apparaissent semblent plus intéressantes lorsqu'elles sont exceptionnelles.
Comme les autres facteurs, celui-ci repose sur un raccourci cognitif. En effet, par extrapolation, nous considérons que ce qui est difficile à se procurer a, *en général*, une valeur

supérieure. Ce principe est ainsi à l'origine de nombreuses techniques commerciales, qui présentent une offre comme exclusive pour déclencher un réflexe d'achat. Et encore une fois, l'important n'est pas la rareté réelle et objective d'un objet, mais sa **rareté apparente**. Le rôle du commercial est d'ancrer de manière assertive l'idée chez son client que son temps est précieux (comme celui de son client), que son expertise se mérite, que sa solution a de la valeur.

Et au final, je pense qu'il est important de retenir une idée simple : on peut influencer celui qui est influençable, on peut manipuler celui qui est manipulable.

Le job c'est de repérer la clé d'entrée de notre influence sur l'autre.

Le commercial doit en quelques sortes être le Professeur Milgram. Il doit d'une part, être capable d'avoir un statut élevé (être perçu comme étant expert + interlocuteur de confiance, par exemple), et d'autre part, de fixer le cadre de la relation avec son client ou prospect. C'est en réussissant sur ces 2 sujets que le commercial s'approche de l'excellence.

2.2.1 La questiologie

Lorsque l'on parle de l'importance de poser des questions pour résoudre les problèmes des humains, on se réfère régulièrement, et à raison, à Socrate. Socrate vécu au Vème siècle avant notre ère, soit il y a à peu près 2.500 ans. On peut gager sans être un vieux fou illuminé, que d'autres (que l'histoire avec un h minuscule n'a pas placé au même niveau de prestige que Socrate) avaient avant lui approché et instruit ce sujet. Cela me fait dire qu'en matière de savoir et de connaissance dans le registre des problématiques humaines, on en connait un sacré rayon depuis longtemps ! La question (si j'ose dire) n'est pas de savoir si l'on sait, mais bien plus de comprendre pourquoi, bien que sachant (ou pouvant savoir facilement), on n'utilise pas ces savoirs et connaissances ?

Théorisée par Frédéric Faliss et largement issue des travaux de Socrate, la questiologie est l'art de questionner.

Prenons une situation que l'on a tous connue pour aborder ce sujet, celle d'un rendez-vous chez notre médecin.

Le médecin qui nous reçoit commence par nous demander : « Qu'est-ce qui vous amène ? ». Puis, après cette première réponse, il pose une série de questions, la plupart du temps sur les circonstances de la survenance de notre problème et sur les symptômes du problème. « À quelle occasion votre problème est-il survenu ? », « Depuis quand ? » « Pouvez-vous me décrire le contexte... », « Toujours avec la même intensité ? », etc...

Il continuera en nous questionnant sur les conséquences du problème, sur ce que cela nous fait, l'impact du problème sur nous, notre capacité à vivre comme si le problème n'existait pas, notre moral, etc... Il environnera le sujet en nous demandant « D'autres personnes de votre entourage sont-elles touchées ? », « Y a-t-il des antécédents familiaux ? » Puis il mènera un examen plus approfondi qui l'aidera à valider (ou pas) la ou les hypothèses que vos réponses lui permettent de faire : prise de tension, prise de température, examen ciblé sur une zone corporelle (gorge, main, etc...).

A l'issue de cette phase il sera apte à :

1. Déterminer s'il a tous les éléments pour statuer sur votre situation.
2. Décider s'il y a vraiment un problème.
3. Déterminer, en cas de problème identifié, s'il peut trouver la solution à ce problème en un seul rendez-vous ou s'il faut prescrire des examens complémentaires (prise de sang, imagerie médicale, spécialité médicale, etc..).
4. Identifier quelle sera la prochaine étape.
5. Vous communiquer son analyse et ses conclusions.

Pour contribuer à résoudre votre problème de santé, le médecin doit vous connaitre et vous comprendre le mieux possible. Pour cela, il vous pose na-tu-re-lle-ment des questions, plein de questions. Et vous (hormis des cas de timidité ou de pudeur excessive, ou autre), vous lui répondez tout aussi na-tu-re-lle-ment. Pourquoi ? Tout simplement parce que vous avez identifié votre médecin comme étant capable de résoudre votre problème. Voire même le seul capable.

C'est une histoire de compétence bien sûr, mais aussi (et surtout pour certaines personnes), de statut, c'est-à-dire de la représentation mentale personnelle, que vous vous faites de votre médecin. Le statut du médecin est élevé, il est sachant, expert, référent (sans jeu de mots pour un médecin), et avec cela : aidant, rassurant, réconfortant. En un mot : médecin = bien.
Ne dit-on pas face à une personne qui souffre et que l'on n'arrive pas aider : « Non mais là je pense qu'il faut que tu ailles voir un médecin. »

Le médecin est perçu comme une solution. Le commercial doit lui aussi être perçu comme une, voire comme *la*, solution.

Parce qu'elle met en jeu 2 humains ou plus, la démarche est universelle, elle s'applique à un nombre illimité de situations de relation interpersonnelle.

Revenons à notre médecin et au séquencement de son questionnement :

- Il pose dans un premier temps une question ouverte (« Qu'est-ce qui vous amène ? »), idéale pour créer du lien et ouvrir la conversation. La réponse à cette question relève soit de l'émotion (pathos), soit de la raison (ithos).
- Puis il pose une série de questions d'investigation dirigées et semi fermées, c'est -à-dire dont la réponse ne peut être que oui ou non, ou ne laisser que peu de place à l'approximation (« Depuis quand ?, etc...). Ces questions sont accompagnées de questions de reformulation (« Si je comprends bien... ») qui attestent de son écoute active. Le registre est ici clairement dans la raison.
- Puis il ouvre la séquence en environnant la situation avec

des questions fermées (antécédents, etc...) dans un registre plus émotionnel.

La trame qu'utilise le médecin est pré existante à votre rendez-vous, elle n'est pas improvisée ou échafaudée à la va-vite.

Le médecin sait exactement par quelles phases successives il veut passer afin de comprendre la situation physique et psychologique de son patient. Il part d'une situation générale et amène son patient vers une situation ciblée en passant par une suite d'étapes logique.

Comme un commercial, il utilise différents types de questions selon l'objet et l'objectif de la question et la phase de l'entretien. Il sait qu'en posant une question ouverte en début d'entretien il contribue à créer du lien, à ouvrir le nécessaire dialogue avec son patient. Il sait que cette question sera suivie de questions plus précises et dirigées. En posant des questions d'investigation il veut comprendre la situation physique du patient, mais aussi, en analysant la propension du patient à répondre à ses questions, évaluer l'implication de celui-ci ainsi que sa compréhension et son acceptation de sa situation (éventuel déni).

Entonnoir de la découverte

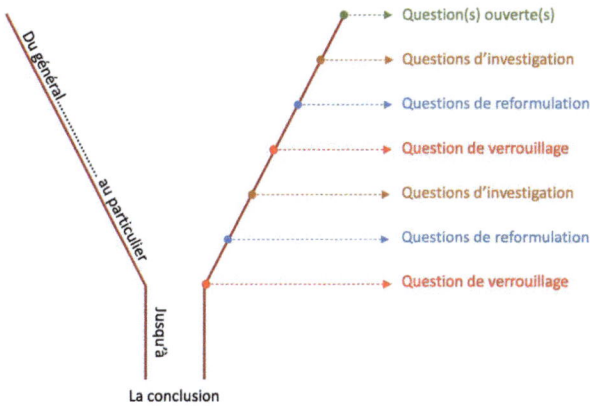

99

Ce que votre médecin fait, faites-le !

Posez des questions ! Posez-les de manière méthodique et posez-les à un moment précis de votre plan de vente : la phase de découverte. Car poser des questions présente de nombreux avantages. En voici quelques-uns :

- Connaitre et comprendre la situation du client.
- Faire émerger un souci, une « douleur » (traduction littérale du mot anglais « *pain* », voir 3ème partie), une gêne, un « caillou dans la chaussure », bref, un problème à résoudre. Car dès lors qu'un client a un problème à résoudre, vous pourrez vous positionner comme étant capable (et peut-être même le seul) de le résoudre.
- Identifier le besoin, les attentes et les critères d'achat de votre client.
- Déchiffrer la manière de répondre (ou pas) aux questions.
- Afficher votre professionnalisme dans votre capacité à accompagner votre client.
- Vous différencier de vos éventuels (et très probables) concurrents ; a minima en faisant aussi bien qu'eux, et au mieux en faisant mieux qu'eux grâce à votre méthode et votre posture.
- Orienter, et donc influencer, les choix de solution en mettant vos atouts, et si possible, facteurs différenciants, en exergue.

Je propose une trame précise de découverte dans mon ouvrage « Évaluer son portefeuille clients » (2019).

L'art du questionnement ne consiste pas seulement à savoir poser les bonnes questions aux bons moments, mais aussi à savoir utiliser et interpréter les réponses. Car pour influencer l'autre on doit prendre en compte ce qu'il dit et comment il le dit, tout comme on doit faire émerger les éléments conscients et les éléments inconscients.

Prenons l'exemple d'une question ouverte typique en début d'entretien : « *Comment va l'activité en ce moment ?* »

La question commence par un adverbe interrogatif (*Comment*).
Elle porte sur une généralité choisie, et non centrée sur la
personne à laquelle elle s'adresse (le récepteur). La réponse ne
peut pas être oui ou non.

L'influent qui a posé cette question aura plusieurs clés d'analyse
par la suite :

1. Y a-t-il réponse ou non et si non, comment cela se
   manifeste-t-il ?
2. Le contenu de la réponse (le message) : comme il a préparé
   son rendez-vous, l'influent s'est préalablement renseigné
   sur *l'activité*. Activité du secteur de son client, mais aussi
   l'activité précise de l'entreprise du client (grâce
   notamment à ses contacts en internes chez ce client ou
   encore à des KPI ciblés). Il pourra donc comparer et mettre
   en perspective le fond de la réponse avec les éléments qu'il
   a en sa possession. Comment est la vision de son
   interlocuteur : superficielle ou approfondie, objective ou
   subjective, factuelle ou émotionnelle, etc...
3. Le délai de réponse : court (pas de réflexion) ou long
   (réflexion).
4. Le registre de vocabulaire (champs lexical) utilisé : positif,
   confiant, léger, ambitieux, etc... Ou tout l'inverse : négatif,
   inquiet, lourd, résigné.
5. Le para verbal : débit et niveau sonore. Y a-t-il congruence
   entre le message et la manière de le dire.
6. Le non verbal : y a-t-il congruence entre le message et les
   gestes et regards pour le dire.
7. L'antériorité : si l'influent connait déjà assez bien
   l'influencé, il pourra comparer les éléments recueillis dans
   cet échange avec ceux qu'il a recueillis aux cours des
   interactions précédentes. S'il y a du changement, il devra
   faire dire à l'autre, non seulement qu'il y a du changement
   (déni ou pas) mais aussi les raisons de ce changement.
8. Et bien sûr... ne pas tomber dans la facilité en faisant dire
   à une seule réponse (celle à notre première question) plus
   que ce qu'elle ne veut dire. L'influent déroulera son plan de

questionnement en tenant compte des réponses successives.

Imaginons le dialogue suivant entre le commercial et le client qu'il veut influencer :

Influent : « *Comment va l'activité en ce moment ?* »
Influencé : « *Ooh, tu sais ce que c'est, plus ça va, moins ça va. Avec les gars dans les bureaux qui nous pondent toutes les semaines des objectifs de plus en plus délirants.* »

L'influencé prend l'influent à témoin (*tu sais ce que c'est*). Il est résigné (*plus ça va, moins ça va*), clivant (*les gars dans les bureaux*) et excessif (*objectifs de plus en plus délirants*).

Ces éléments nous renseignent sur :

1. Prise à témoin : l'influencé pense que l'influent peut le comprendre (empathie) et peut-être l'aider. Il pourra même lui céder une partie de son pouvoir pour favoriser la coopération.
2. Résigné : voudra-t-il mettre en œuvre une solution au problème traité, et à quelles conditions (peur du changement, incapacité à trouver la solution par lui-même, ...). L'influence consistera, soit à décrire une situation future améliorée en faisant ressortir les bénéfices que l'influencé récoltera de la mise en œuvre de la solution pour atteindre cette situation améliorée, soit à proposer de coconstruire une solution qui implique fortement l'influencé.
3. Clivant : ça n'est pas lui le problème mais tout ce qui n'est pas lui (lassitude ou manque de remise en question).
4. Excessif : les objectifs sont-ils réellement changés toutes les semaines et sont-ils si délirants que ça ?
5. Ton lent et niveau sonore bas : confirme la résignation (peut-être de la tristesse). Ton rapide, niveau sonore moyennement haut : peut révéler une colère (donc une émotion, et donc du pathos) qui a besoin d'être entendue et comprise.

6. La main droite qui s'élève au niveau du visage puis redescend lentement : résignation.

Je le disais en première partie, une bonne découverte comporte environ 40 questions.

Beaucoup de commerciaux que je rencontre (j'en rencontre toutes les semaines depuis 20 ans), me disent, souvent fiers d'eux : « *Moi, je vais à l'essentiel !* » Et pour ceux-là, l'essentiel c'est : le besoin du client. Ils n'ont qu'une priorité : répondre à la question du QUOI. « *Vous voulez quoi monsieur le client ?* » Et comme les commerciaux qui présentent cette caractéristique représentent 85% des commerciaux, et bien 85% des commerciaux sont des commerciaux moyens. 5% sont des commerciaux en échec (mauvais choix, circonstances de vie,...) et 10% sont des cracks.

Plus de 8 commerciaux sur 10 sont très perfectibles !

Plus de 80% des commerciaux privilégient le maintien dans leur zone de confort, cette zone où ça se passe bien, où on a des routines, peu de stress, le contrôle. La zone de confort du commercial est cette zone dans laquelle il concilie plus ou moins harmonieusement le cadre et les obligations proposés par son employeur d'une part, avec, d'autre part, ses affinités et appétences personnelles.

Pour un commercial qui vend des produits à fort contenu technique, son « essentiel » sera de parler de technique produit, de technologie ou d'innovation et de tout un tas de trucs qui satisfont ses appétences pour la technique.

Pour un commercial qui vend des fruits et légumes, son « essentiel » sera de parler de semences, de saison, de terre, de produits phytosanitaires et tout un tas de trucs qui satisfont son besoin de montrer qu'il aime et qu'il s'y connait.

Parler de leur essentiel permet à ces commerciaux de rester dans leur zone de confort. Et pour peu que cette zone de confort soit la même que celle de leur client, alors là je ne préjuge plus de rien...

Mais leur essentiel, aussi documenté soit-il, est personnel (il ne concerne qu'eux), égo centré (il est tourné vers eux), et parcellaire (il n'est que leur vision du sujet). Il n'est pas *l'essentiel.* Car *l'essentiel* c'est de prospecter, vendre et fidéliser.

Au départ, point n'est besoin de connaitre ses produits ou services sur le bout des doigts pour les vendre. Il faut en connaitre les principales caractéristiques afin d'être capable de sélectionner celle(s) qui correspondra au besoin du client. J'aurai beau connaitre par cœur et en détails les caractéristiques de ma raquette de tennis, je n'en jouerai pas significativement mieux au tennis pour autant. Si je veux bien jouer au tennis, la première des choses que je dois faire c'est connaitre la façon de jouer au tennis, c'est-à-dire comment réaliser les coups (coup droit, revers, volée, service, etc...). La méthode restera la même, quelle que soit ma raquette. Et même si j'ai une nouvelle raquette que je connais peu, si je maitrise ma méthode, je serai capable, si nécessaire, d'adapter mon jeu en conséquence.

On est fort si l'on connait la méthode.
On plus fort si l'on connait sa méthode et ce que l'on vend.
On est dans l'excellence si l'on s'entraine dur pour maitriser sa méthode (je peux tout) et devenir un expert de ce que l'on vend (je sais tout).

La base c'est la méthode et la clé c'est l'entrainement.

Oui, la vente est décidemment un sport de haut niveau.

Le bon commercial est justement celui pour qui l'essentiel n'est pas de se faire plaisir en parlant de produit ou service (ou en étalant sa science), mais d'exploiter de manière optimisée ses savoirs et savoir-faire afin de laisser libre cours à son savoir-être.

Le bon commercial est celui pour qui sortir de sa zone de confort n'est pas une contrainte ou un poids, mais justement un besoin et un outil.

Des chercheurs de l'Université de Yale ont publié une étude en 2019, prouvant que rester dans sa zone de confort empêche les zones d'apprentissage du cerveau de bien fonctionner. Ils ont aussi démontré que pour utiliser tout le potentiel d'apprentissage du cerveau, il faut faire des choses difficiles pendant 70% du temps !

De la zone de confort à la zone de croissance

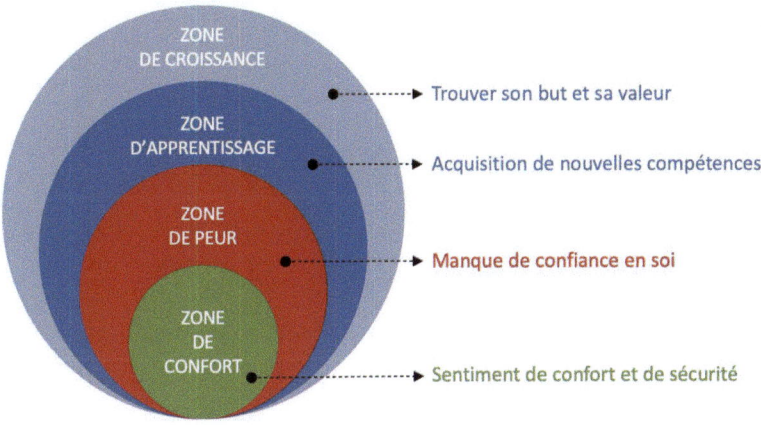

Sortir de sa zone de confort requiert d'avoir le besoin actif et positif d'en sortir et avec lui la motivation pour le faire.

La zone de peur est une étape vers d'autres zones. Elle engendre assez mécaniquement une résistance au changement. Par son accompagnement empathique, l'influent pourra dans ce cas aider l'influencé à traverser cette zone au mieux (et en fonction de sa position dans le cycle de l'autonomie). La méconnaissance des choses engendre la peur ou la crainte, un *phóbos*. Pour vaincre cette peur, le plus simple est de *connaitre*. Le levier du commercial influent sera ici d'alimenter le client influencé en informations ciblées, et parfois de rectifier des idées fausses, afin de nourrir les connaissances de son client et de l'orienter vers son offre commerciale.

Il est plus facile d'influencer celui qui a un problème que celui qui n'en a pas. C'est la raison pour laquelle le job du commercial est tactiquement de faire émerger ce problème ou « Problématique » (*Pain*) chez son client. C'est l'objet de la deuxième étape de ma méthode de découverte : la SAA, ou Situation Actuelle Aggravée. Cela impose donc au commercial d'avoir une batterie de questions dédiées à l'émergence du problème et aux conséquences de la non résolution du problème. L'idée ici est d'influencer l'autre en lui faisant dire :

Étape	Objet	Exploitation possible
1	OUI j'ai un problème.	Cela engendre un besoin et des critères
2	OUI cela me coûte et continuera de me coûter si je ne résous pas le problème.	Chiffrer ce coût, et le coût du non changement si le client ne fait rien face à ce problème. Le prix de votre proposition n'en sera que plus relatif.
3	OUI je veux trouver une solution à mon problème.	Évaluer la motivation du client, son engagement dans la recherche de solution et sa maturité d'achat.
4	OUI je demande au fournisseur de trouver une solution à mon problème.	Je suis perçu comme pouvant apporter une solution adaptée à son problème. Je décide du GO/NO GO et d'investir du temps et des moyens.

L'influence n'est pas une méthode de contrainte ou d'emprise mentale. C'est une approche méthodique de la relation à l'autre qui vise à faire émerger la demande de l'autre (explicite et implicite) afin de se positionner dans la relation et d'être perçu par l'autre comme étant apporteur de réponse à cette demande.

Le commercial influence son client par les questions qu'il pose, le moment où les pose, la manière dont il les pose, et la fréquence à laquelle il les pose. Il influence son client par la compréhension, la prise en compte et l'exploitation des réponses de son client.

Revenons à notre dialogue :

Influent : « *Comment va l'activité en ce moment ?* »
Influencé : « *Ooh, tu sais ce que c'est, plus ça va, moins ça va. Avec les gars dans les bureaux qui nous pondent toutes les semaines des objectifs de plus en plus délirants.* »
Influent : « *Tu as raison ça ne doit pas être facile de travailler dans ces conditions. Est-ce que je dois comprendre que si les gars des bureaux étaient moins mauvais ça irait mieux pour toi ? Et puis, il y a d'autres choses qui te sont pénibles actuellement ?* »

(Je précise que le registre de langage est volontairement « upgradé ». Aucun doute que la réponse de l'influent pourrait utiliser un champ lexical plus fleuri dans la réalité).

Ici l'influent fait 4 choses :

Étape	Objet	Phrasé
1	Il accuse réception	*Tu as raison...*
2	Valorise	*Ça ne doit pas être facile de...*
3	Qualifie	*Est-ce que je dois comprendre que...*
4	Isole	*Et puis, il y a d'autres choses qui...*

Il n'influence pas en mentant ou en dissimulant. Il influence en montrant explicitement qu'il prend avec lui ce que l'autre exprime. Nous l'avons vu, les techniques d'influence sont nombreuses. Elles reposent globalement sur l'idée que pour influencer l'autre il faut qu'il soit en dynamique (envie d'atteindre un but) et qu'on lui dise ce qu'il veut entendre et comment il veut l'entendre.

Connaitre l'autre est donc un moyen important et, c'est désormais clair, la questiologie est pour cela un instrument efficace. Mais d'autres instruments peuvent venir avantageusement compléter les résultats de notre phase de questionnement.

Les modèles de personnalités du type MBTI, SOSIE, PNL, DISC, Process Com et autres, fournissent des éléments qui peuvent être assez poussés. En mettant des mots sur des comportements, des valeurs, des croyances, des besoins etc... ils livrent un état des lieux de l'individu qui permet à ce dernier, en se comprenant mieux lui-même, de mieux comprendre l'autre. La plupart de ces tests fonctionnent à partir d'un questionnaire et délivrent un inventaire. Ils précisent que seul le fait de répondre au questionnaire permet d'identifier et décrire la personnalité du répondant. Ainsi, ils font savoir qu'en dehors de leur technique, personne ne peut conclure avec précision et honnêteté sur ce qu'est ou n'est pas la personne en face de nous. Autrement dit, on peut « penser que », « trouver que », « sentir que » untel ou untel présente telle ou telle caractéristique du modèle trucmuche, mais pas l'affirmer. Ça n'est pas dénué de fondement, mais il ne faudrait quand-même pas perdre de vue que notre intuition naturelle peut être, sous réserve de connaitre le modèle, enrichie par les apports dudit modèle. Autrement dit, si je connais et comprends bien le modèle Process Com, je serai capable d'identifier les caractéristiques de telle ou telle personnalité chez mon interlocuteur. Cela bien entendu en prenant garde de ne pas me laisser happer par le fameux biais de confirmation. Biais qui rappelle que j'ai tendance dans un échange interpersonnel, à privilégier l'information qui me permet de confirmer mes idées préconçues ou mes hypothèses. Le travers que l'on peut en effet craindre c'est qu'ayant moi-même fait un test, j'ai tendance à « biaiser » à avoir le biais de confirmation et que cela se traduise par une tendance à identifier chez les autres des caractéristiques qui sont identiques aux miennes sans qu'elles soient forcément les leurs. J'attribue à tort (ou trop vite) aux autres les éléments qui me caractérisent. Mais l'expression de ce biais peut aussi être : mon client m'a suggéré d'aller voir un de ses collègues et il m'a dit quelques mots sur lui. Quand je verrai le collègue, j'aurai tendance à privilégier l'information émanant de lui qui me permettra de valider ce que mon client m'a dit auparavant. Ce faisant, je risque de me tromper sur la personne et en plus de rater une masse d'informations que mon biais de confirmation m'aurait fait apparaitre comme étant inintéressantes ou peu importantes.

Ceci étant dit, intégrer des éléments issus de notre lecture de l'autre au travers des caractéristique d'un modèle peut constituer un levier d'influence puissant.

Pour illustrer cela, prenons un modèle qui ne nécessite pas de questionnaire et qui est bien connu : le SONCASE. Chaque lettre de cet acronyme est la première d'un levier psychologique :

Lettre	Levier	Approche face au levier psychologique
S	Sécurité	Rassurer le client sur la fiabilité du produit, la sécurité de nos process, être capable de montrer, prouver.
O	Orgueil	Flatter l'égo du client, besoin d'être considéré, mis au centre du process d'achat.
N	Nouveauté	Montrer que le produit est nouveau ou procure une nouveauté.
C	Confort	Insister sur le bien-être apporté par le produit, mais aussi sur la facilité de la démarche d'achat, sur la facilité d'accès au produit et de sa mise en œuvre.
A	Argent	Rassurer le client sur le niveau de prix mais aussi sur le contenu du prix, sur la maitrise de son budget.
S	Sympathie	Dérouler une relation simple et directe, être à l'écoute.
E	Environnement	Le client est attentif à l'impact environnemental du produit, et souvent de la société qui le vend.

Pour influencer une personne que je perçois par exemple comme étant S de Sécurité, mes questions porteront sur des sujets en lien avec le levier S de Sécurité et ma manière de les formuler aussi.

Imaginons que je veuille vendre une porte d'entrée à cette personne, je lui demanderai s'il a subi des cambriolages, si la maison est souvent vide, etc... Ces questions viendront compléter (et si possible corroborer) les motivations qui auront aussi été exprimées en réponse à la question du « Pourquoi voulez-vous changer votre porte d'entrée ? ». Mes gestes seront lents, mon ton posé et régulier. Je saurai lui montrer des documents issus de mon book attestant de la solidité et la robustesse de mes modèles de portes.

S'il a effectivement subi un cambriolage, je le ferai posément verbaliser sur ce sujet (quand, circonstances, faits, conséquences, coûts, etc...) afin de lui permettre d'exprimer ses peurs ou craintes et mieux mettre en exergue la capacité de mes produits à répondre à ces peurs ou craintes. S'il a peur de subir un cambriolage, je lui demanderai ce qui lui fait craindre cela et s'il a des exemples dans son quartier ou chez ses proches (qui, quand, circonstances, faits, conséquences, coûts, etc...) aux mêmes fins que s'il avait été victime d'un cambriolage.

2.2.2 Le cadrage

Cadrer c'est définir ce qui est dans le cadre et ce qui n'y est pas. Que ce cadre soit rond, carré, rectangulaire, ou bizarroïde, il reste une chose fermée et aux contours continus et jointifs qui définit une zone dans le cadre et une zone (souvent plus grande) hors du cadre.

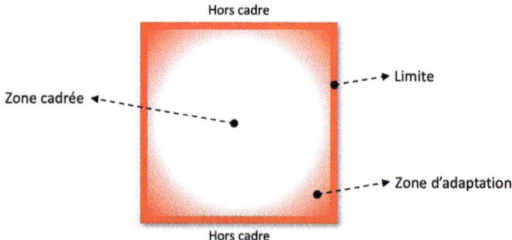

L'influence du commercial passe par sa capacité à cadrer la relation dans le cadre qu'il a lui-même choisi.

Cadrer c'est affirmer que la relation commercial/client n'est pas par essence déséquilibrée au profit du client. Autrement dit, que le client n'a pas toujours et partout plus de pouvoir que le commercial. Le pouvoir du client n'est pas invariable, il varie en fonction de la phase du process de vente. Le pouvoir du client n'est pas total car le client est quelqu'un qui a un problème à résoudre et que ça le rend dépendant de ceux qui peuvent l'aider à le résoudre.

C'est le job du commercial que de faire passer ces 2 idées, et si possible d'ancrer l'idée qu'il est *le seul ou le mieux placé*, pour résoudre le problème.

Le moyen pour ça c'est d'inscrire la relation dans un cadre qui définit ce qui est dans la relation et ce qui est hors de la relation. Le mieux est que ça soit le commercial qui propose ce cadre. Le mieux du mieux, c'est que le client, explicitement ou implicitement, l'accepte.

Alors, comment faire ?

La première chose c'est d'être cadrant avec le client dès le début de la relation. Théoriquement donc : dès le premier contact, en prospection ou en gestion de portefeuille. La façon que vous aurez de prendre rendez-vous avec votre nouvel interlocuteur contribuera à poser les bases de votre cadrage. La prospection consistant uniquement à prendre un rendez-vous, il faut être bref, clair, précis et pro actif. L'une des dernières phrases d'une trame de prise de rendez-vous est par conséquent : « *Pour vous voir Monsieur ou Madame XXX, c'est mieux lundi matin ou mardi après-midi.* »

La deuxième chose : avoir un plan de rendez-vous précis. Ce plan est la ligne droite vers votre objectif de rendez-vous. Il ne faut, bien entendu, pas exclure, voire même parfois favoriser, de sortir de cette ligne droite, d'avoir un biais. Mais il faut savoir revenir dans la ligne. J'ose ici dire que « le cadrage n'exclut pas le débord. »

La ligne droite peut s'articuler en 4 phases avec l'acronyme anglais GASP (to gasp = haleter, être à court de souffle, s'exclamer).

Lettre	Anglais	Équivalent français	But
G	Guide	Cadrer	1. Créer du lien 2. Faire bonne impression 3. Poser les bases d'un rapport équilibré
A	Ask	Découvrir	Poser des questions
S	Share	Accrocher	Reformuler et donner des éléments de réponse, ouvrir vers une ébauche de solution
P	Progress	Programmer	Conclure et évoquer les prochaines étapes

Ce modèle peut être appliqué à la plupart des types de rendez-vous-même s'il faut l'adapter, non pas dans la suite des étapes, mais dans la durée de chacune d'entre elles. Dans tous les cas :

L'objet du rendez-vous c'est **le motif de notre rencontre** ce dont on va parler, le sujet de notre échange.

L'objectif : c'est **le but** commun à atteindre avec le client. Notre objectif en tant que commercial peut être différent, mais il englobera toujours l'objectif commun. Par exemple : le but commun est de trouver un accord satisfaisant. Mon but à moi est de vendre sans trop lâcher sur le prix (prix cible identifié), mais aussi de récolter de l'information pour compléter ma carte d'intervenants (voir 3ème partie) et obtenir une recommandation de mon client en vue d'appeler son alter ego sur un autre site (dans le cas où je rencontre le responsable d'un site dans une entreprise qui en compte plusieurs).

La durée convenue : c'est **le temps imparti** à ce rendez-vous qui a été préalablement accepté par le client (lors de la prise de rendez-vous en prospection, ou lors de l'étape Programmer à la fin d'un rendez-vous précédent).

Le plan du rendez-vous c'est **le séquencement du rendez-**

vous que vous proposez. Dans ce séquencement, il est important de parler en second, et donc de proposer au client de parler en premier.

Cadrer consiste donc à proposer et faire accepter un plan ou une manière de fonctionner. Il est de ce fait important d'être à l'origine de la proposition et pour cela... de l'avoir préparée.

Durant le rendez-vous, le cadrage consiste à tenir la ligne et le plan proposés en phase « Cadrer ». En effet, si vous convenez d'une chose avec votre client, il est plus que préférable de se tenir à ce qui a été convenu, et même de se montrer exigent pour rester dans ce qui a été convenu. En gros : on dit ce que l'on va faire et on fait ce qu'on a dit que l'on ferait.

Le cadrage consistera en fin de rendez-vous à donner au client une visibilité sur le futur. Et c'est important. Le cerveau humain est ainsi fait qu'il se projette vers l'avenir. Le stress, l'anxiété ou la peur peuvent provenir d'un manque de visibilité sur l'avenir. Ainsi, si vous êtes perçu comme procurant tout ou partie de cette visibilité, vos propositions auront plus de chances d'être acceptées en l'état ou avec moins de freins.

L'importance de la phase « Cadrer » ne doit surtout pas être sous-estimée. Elle est un outil d'influence efficace, et je constate qu'une grande majorité de commerciaux ne soignent pas leur entrée en matière. Le « Guide » anglais dans notre modèle devient « Cadrer » en français car c'est à ce moment que le commercial pose le cadre de l'entretien, et avec cela renforce celui, plus général, de la relation. Ce cadre est le prolongement de l'échange, écrit ou oral, que le commercial a eu avec son interlocuteur pour prendre le rendez-vous. Le contenu de cette étape de cadrage corrobore ce qui a été évoqué lors de la prise de rendez-vous. Un bon rendez-vous étant un rendez-vous qualifié, c'est-à-dire convenu en validant des critères cumulatifs lui donnant de la qualité, le commercial ne fait que reprendre les éléments ayant servis de critères : on va parler de quoi, pour en arriver où, pendant combien de temps et selon quel plan. En prenant la main dès le départ, en étant celui qui dit, en étant force de proposition, le commercial est cadrant. Ça n'a que des avantages, notamment si l'on se réfère aux facteurs d'influence 2 et 3 évoqués précédemment :

1. Facteur 2 : l'engagement et la cohérence. À partir du moment où le client s'est engagé sur le rendez-vous lorsque et que vous l'avez fixé ensemble, il doit effectuer le rendez-vous et vous l'y aidez en lui proposant le cadre.
2. Facteur 3 : la preuve sociale qui fait que votre interlocuteur acceptera votre proposition cadrante parce que vous la trouvez bien.

Un interlocuteur qui, malgré ces 2 facteurs, ne s'engage pas dans le rendez-vous comme il le devrait vous envoie une information : regret, blocage, timidité, méfiance, peur, tactique de déstabilisation, ou changement intervenu entre la prise de rendez-vous et la date de rendez-vous. Utilisez les facteurs 4 et 5 pour reprendre le contrôle.

1. Facteur 4 : la sympathie. Jouez de la sympathie notamment en glissant de la raison vers l'émotion. Il faut trouver un sujet qui permet de décentrer l'interlocuteur et qui l'amène à s'exprimer sur quelque chose qu'il aime.
2. Facteur 5 : l'autorité. Montrez que vous faites autorité, notamment en utilisant votre statut. Statut que vous avez dès le départ travaillé pour affirmer votre position.

Le facteur 6 de la rareté peut aussi être utilisé. Délicat, mais efficace s'il fonctionne. Invoquez la rareté de votre temps ou de votre personne. Faites comprendre à votre interlocuteur que, en gros, il a bien de la chance que vous lui accordiez du temps et qu'il ferait mieux d'en profiter. Levier d'influence aussi risqué qu'efficace, la rareté s'utilise en dernier recours ou lorsque l'on a la certitude d'avoir un statut très élevé. C'est le cas par exemple d'un expert, d'un sachant ou plus généralement de toute personne ayant un pouvoir élevé. Ce facteur renvoie par ailleurs au bluff, c'est-à-dire à la capacité à faire croire. Faire croire en l'occurrence que l'on a une autorité ou un statut plus élevé que la réalité. Lié au mensonge (et à une bonne mémoire !), le bluff peut être assimilé à de la manipulation et n'est donc pas recommandé. Il est évoqué ici uniquement à titre d'illustration détournée du facteur 6.

Le facteur 4 de la sympathie me semble bien entendu être le plus indiqué. L'appel à l'émotion comme nous le détaillerons plus loin permet de se sortir de bon nombre de situations délicates ou imprévues.

Si l'on revient sur le principe du GASP, il faut préciser que c'est une méthode qui procure une assise pour le commercial.

De nombreux commerciaux conduisent leurs rendez-vous « à l'instinct », sans méthode précise ou alors avec une méthode très « personnelle » et empirique, avec des réussites inégales. Le problème du « à l'instinct » c'est qu'on ne sait pas pourquoi ça marche ni pourquoi ça ne marche pas. Cela cache surtout une peur de sortir de sa zone de confort, une certaine résistance au changement, ou une absence de solution alternative (tous les commerciaux n'ont pas l'opportunité de recevoir des formations…). En ne définissant pas ce qui *doit* être, on ne peut pas évaluer sérieusement ce qui *est*. Cela permet de rester subjectif sur la performance et donc de l'interpréter selon nos envies.

Le GASP, ou toute autre méthode, est au service d'un objectif. Certains commerciaux qui pratiquent le « à l'instinct » atteignent des niveaux d'objectifs commerciaux corrects, mais le problème c'est qu'on ne sait pas ce que leur performance serait s'ils utilisaient une méthode bien identifiée.

Ce modèle de trame d'entretien s'applique à l'immense majorité des rendez-vous envisageables.

Si on prend le cas d'un R1 de découverte, nous avons :

Étape	Contenu

Cadrer	1. Énoncer :
	   a) L'objet du rendez-vous
	   b) L'objectif du rendez-vous
	   c) La durée convenue du rendez-vous
	   d) Le plan du rendez-vous
	2. Obtenir l'accord sur les 4 premiers points

Découvrir	Demander devient Découvrir et consiste à dérouler notre plan de découverte (selon la méthode retenue)
Accrocher	1. Reformuler les éléments de la découverte pour montrer notre bonne prise en compte et notre bonne compréhension de ce qui nous a été dit pendant la phase de découverte 2. Proposer des pistes, des ébauches de solutions, des éléments qui permettent à votre interlocuteur de vous identifier comme étant apporteur de solution à son problème tel qu'exprimé pendant la phase de découverte
Programmer	1. Synthétiser les points abordés 2. Évoquer et convenir des prochaines étapes 3. Programmer un rendez-vous (R2), soit d'approfondissement, soit de présentation, soit de soutenance...

Je ne développe pas ici la méthode complète de découverte. Mais ne nous y trompons pas, même si cette ligne prend peu de place dans le tableau, elle reste bel et bien la plus fournie dans la réalité du rendez-vous.

Dans le cas d'un rendez-vous de présentation (R2), l'étape du cadrage a bien entendu autant d'importance que dans un R1. Ce, parce qu'elle a exactement le même objectif. L'étape la plus importante glisse vers le « Accrocher ». Cette étape se prépare, à la fois avant le rendez-vous bien sûr, mais aussi pendant le rendez-vous. Au chapitre des griefs faits aux commerciaux, on peut citer la tendance à exposer leur proposition trop tôt dans le process, sans prendre le temps de contextualiser leur exposé.

Le séquencement est le suivant :

Étape	But
Cadrer	1. Énoncer a) L'objet du rendez-vous b) L'objectif du rendez-vous c) La durée convenue du rendez-vous d) Le plan du rendez-vous 2. Obtenir l'accord sur les 4 premiers points
Découvrir	• Reformuler les points abordés en R1 et obtenir l'accord du client sur votre compréhension de son besoin, de ses attentes et de ses critères d'achat. • Prendre le temps de gérer toutes les remarques et réactions du client.
Accrocher	• Exposer le parti pris de votre proposition • Exposer les points que vous avez éventuellement ajoutés (options, variantes, etc...) • Exposer le contenu de votre proposition • Dévoiler le prix le plus tard possible
Programmer	Le contenu de cette étape dépend de l'objectif du R2 • Si objectif = vendre ⇔ dérouler le plan de vente jusqu'à la fin • Si objectif = programmer un R3 pour réévaluer l'offre ⇔ voir programmer du R1

2.4 Le Pouvoir

Le pouvoir peut se définir de multiples manières.

Nous parlons ici des leviers d'action du commercial et le pouvoir peut être considéré comme le fait « *de disposer de moyens qui permettent une action* », ou « *avoir la faculté de faire quelque chose ou de produire un effet.* »

Je propose de mon côté la formulation suivante : le pouvoir est la faculté d'un individu à influer sur le cours des choses. Faculté étant pris ici au sens d'une aptitude naturelle ou acquise à concevoir, à sentir, à accomplir ou à produire quelque chose. Le pouvoir est lié à l'action. Il peut précéder l'action, être l'action, ou découler de l'action.

J'ai abordé le pouvoir au travers du cycle relationnel dans la partie 1.3 Un commercial ça fait quoi ? Nous avons vu le Quand ? Il ressort de cette partie que le pouvoir n'est pas l'apanage du client. Certains moments de la relation offrent la possibilité au commercial de fortement influer sur le cours des choses.

Le commercial tente d'équilibrer le pouvoir entre lui et son client en utilisant au mieux son pouvoir quand il en dispose, et en limitant au maximum celui du client dans les phases où ce dernier en a le plus.

Sport de haut niveau avez-vous dit ?

Ça, c'est la théorie. Dans les faits, c'est plus subtil.

La vente BtoC en *one shot*, comprendre la vente au particulier en première visite, confère un fort pouvoir au commercial. La stratégie est simple : je prends le prospect à la gorge en laissant peu de temps (24/48 heures) entre la prise de rendez-vous et le rendez-vous ; pendant le rendez-vous, je le fais descendre dans mon entonnoir jusqu'à l'objection du prix. Là, je me mets en scène avant d'appeler mon (supposé) chef. Chef qui est censé être très pris et que je ne dois déranger que si et seulement si mon client est d'accord pour m'acheter ma marchandise au prix que j'ai convenu avec lui et que mon chef pourra éventuellement valider lors de mon appel. Mais laissez-moi faire Monsieur et Madame les futurs clients heureux, j'appelle mon chef et je lui demande l'immense service de pouvoir vous faire une remise ex-cep-tio-nnelle. Le chef, dans sa légendaire mansuétude, accepte et voilà le client privé de toute possibilité de revenir en arrière : tout était validé sauf le prix avant mon appel ; tout est validé, même le prix, après mon appel. Plus aucune raison de dire non. Dans cette configuration, le commercial a le pouvoir du début à la fin. Il use d'influence, et malheureusement souvent de manipulation, tout au long du rendez-vous : aller vite pour ne pas ouvrir la porte à la concurrence et à la comparaison de devis, grossir ses marges et donc ses prix pour amortir la remise qu'il obtiendra de son chef, faire croire que son chef est très difficilement joignable alors qu'il appelle dans certains cas un de ses collègues qui boit des bières au bureau avec d'autres collègues, que la demande de remise est exceptionnelle alors qu'elle est incontournable dans la méthode *one shot* (sauf bien sûr si le client achète au prix tarif. Ça arrive...). Le commercial a le pouvoir du temps, de l'espace (il choisit où aller et où s'installer pour discuter), du séquencement du rendez-vous (il fait passer son client par les étapes qu'il a décidées), du prix (qu'il a gonflé).

Ce type d'approche existe encore mais il est désormais plutôt assez connu, et le parti-pris de « locher des timbales », comprendre : vendre à des gens qui ne réfléchissent pas trop, est largement dépassé.

Certains types de vente donnent peu de pouvoir au commercial. C'est le cas des ventes BtoB complexes par appel d'offres. Le premier pouvoir du commercial est d'être bon à certains moments clés (la soutenance par exemple). Mais le commercial peut tirer un certain pouvoir d'un travail de fond, régulier et méthodique qui consiste à « coller » à son client pour obtenir de l'information hors du processus d'achat fléché. Il faut ajouter que les services achats ont un pouvoir sur le prix et les conditions de paiement (acompte, délai, etc...) mais, dans le cas de produits techniques ou technologiques, moins sur le contenu du prix. Ils sont cependant inversement joignables par rapport à leur pouvoir. Je ne compte plus les commerciaux qui déclarent ne pas pouvoir appeler les acheteurs qui traitent leurs dossiers.

Face à des situations complexes, le pouvoir devient relatif. Autrement dit, être bon suffit à nous laisser dans la course, pas à la gagner.

Notre pouvoir tient dans la connaissance. Je citais Sun Tzu précédemment et sa célèbre phrase « *La règle, c'est que le général qui triomphe est celui qui est le mieux informé.* »

Ce pouvoir n'est pas un pouvoir de contrôle, mais un pouvoir d'influence. Et la connaissance est le carburant de l'influence.

Le job du commercial est de travailler à la collecte d'une information ciblée et utile à la bonne connaissance du compte. Pour cela les réseaux sociaux sont utiles, mais comme ils sont sociaux justement, tout le monde peut y accéder. L'info, la bonne, c'est celle qui fait la différence. On la trouve dans la relation, dans la cartographie du compte, dans l'analyse pour chaque partie prenante du processus d'achat de son rapport entre force de la relation (il est pour nous ou contre nous)/ influence dans le process d'achat (il a beaucoup ou peu d'influence dans le process d'achat). En faisant ce corollaire force de la relation/influence, le graphe des parties prenantes identifie 4 profils distincts. L'idée ici est de positionner dans le graphe toutes les personnes concernées ou impliquées dans le processus d'achat et de définir leurs critères de satisfaction. Cela permet, en ayant une vision exhaustive et claire, d'identifier des initiatives à prendre en les soumettant à la logique de la matrice gain/effort vue précédemment.

<u>Graphe des parties prenantes</u>

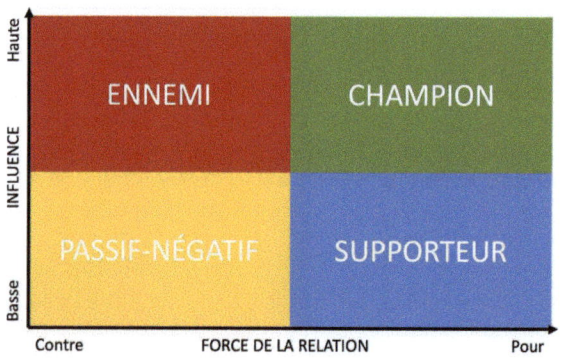

Cette information, cette différence, elle est contenue dans tous les outils de gestions des comptes, dans le CRM, dans la posture du commercial, dans l'historique avec le compte client, dans les raisons pour lesquelles nous travaillons ou ne travaillons plus avec ce client, dans notre proximité avec le compte, dans l'actualité chez le compte (arrivée d'un nouveau Directeur, lancement d'un nouveau produit, construction d'un nouveau bâtiment, etc...). C'est notre gestion de l'information et du changement qui nous permet de rester au contact de nos clients et d'être perçus comme solution plus que comme problème.

Le pouvoir du commercial s'exprime aussi dans ses interactions directes avec les personnes qui composent le compte client.

Raison et émotion

Un curseur est particulièrement impactant dans la relation : le curseur qui se déplace sur la ligne du registre. Le commercial a le pouvoir de placer la relation dans le registre de la raison, ou celui de l'émotion.

La raison est une expression de l'esprit. Selon le Robert, « *la raison est la faculté qui permet à l'être humain de connaître, juger et agir conformément à des principes et spécialement de bien juger et d'appliquer ce jugement à l'action.* »
Le CNRTL ajoute : la raison est « *l'ensemble des qualités de celui ou de celle qui sait se rendre maître de ses impulsions, de son imagination, notamment dans son comportement, dans ses actes.* » La notion de raison renvoie à celle de maitrise, de justesse, de pertinence, de réflexion cognitive, de pensée, des choses rationnelles, observables.

L'émotion, elle, est toute autre. Elle est une réaction endogène psychophysiologique à un stimuli externe. Elle présente un début brutal et une durée courte. L'émotions est le résultat d'une interaction entre l'environnement et le monde interne. Elles impliquent des phénomènes neurologiques (système limbique), biologiques (sensations physiques), psychologiques (perceptions) et peuvent être plusieurs à se chevaucher au même moment. Selon les travaux de Paul Ekman, il existe 6 émotions de base universelles. Ce sont des émotions dont les expressions faciales sont reconnues à travers toutes les cultures.

JOIE – TRISTESSE – COLÈRE
PEUR – DÉGOUT - SURPRISE

Les émotions sont le reflet de nos pensées. Chaque émotion nous informe et nous permet de décrypter ce qui nous arrive. Elles nous poussent à agir. Le tableau ci-dessous synthétise quelques éléments décrivant chaque émotion :

Émotion	Indique	Provient de
Joie	Que 1 ou plusieurs de nos besoins sont satisfaits.	Réussite ou avancée dans quelque chose.
Colère	Un besoin insatisfait.	Manque de contrôle qui rend vulnérable.
Tristesse	Instrument de mesure de nos besoins et manques affectifs.	Évènement dans le passé, nous aide à prendre conscience de ce qui s'est passé.
Peur	La présence d'un danger.	Peur de perdre ce qui est important pour nous
Dégout	Réaction adaptative pour nous éviter de vivre des situations désagréables ou nocives pour notre santé.	Une idée qui provoque de la répugnance.
Surprise	Que l'on veut s'extraire d'une situation ou se préparer à un danger. Laisse la place rapidement à une autre émotion.	Vivre ou être exposé à quelque chose d'inattendu ou qui ne correspond pas à ce que l'on a imaginé.

Même s'ils ne sont pas identiques, les émotions et les sentiments sont liés. Nous l'avons vu, les premières sont des réactions intenses et spontanées à des stimuli externes ou internes. Les sentiments correspondent à des expériences émotionnelles plus durables et complexes qui peuvent être influencées par nos pensées, nos croyances et notre expérience personnelle.

De la même manière, émotions et sensations entretiennent des rapports étroits : les émotions engendrent des sensations physiques (battements de cœur accélérés, respiration rapide, tensions musculaires, …), inversement, les sensations peuvent influencer nos émotions (des stimuli agréables peuvent déclencher des émotions positives telles que la joie ou le contentement).

Carte corporelle des émotions

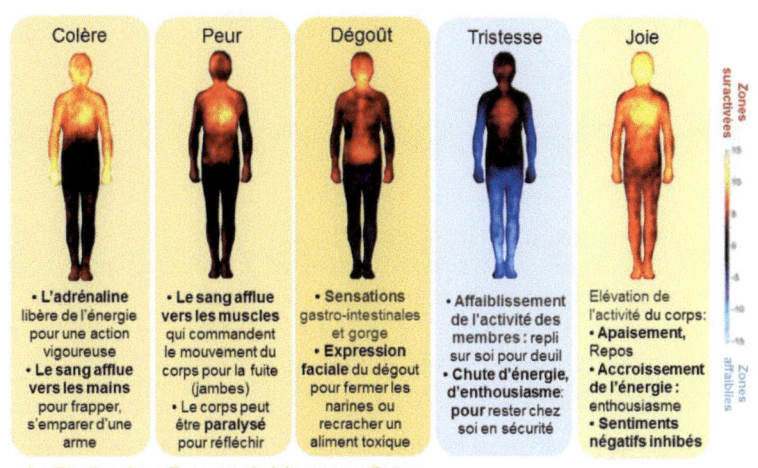

SOURCES : 1) Nummenmaa, L., Glerean, E., Hari, R., Hietanen, J. K. (2014). *Bodily maps of emotions*. Proceedings of the National Academy of Sciences, 111 (2), 646-651. 2) Goleman, D. (2017, réed. 1995 & 1998). *L'intelligence émotionnelle*, J'ai lu, Paris.

Comme le décrit le psychologue américain Daniel GOLEMAN :

« Toutes les émotions sont une incitation à l'action. »

Le fait est que l'humain a beaucoup de contrôle dans le registre de la raison et pas, ou très peu, de contrôle dans l'émotion. On peut tenter de « gérer » nos émotions, mais pas de les empêcher ni de les annuler. On peut au mieux, par certains exercices, tenter d'en limiter les effets sur nous-même.

Registre et contrôle

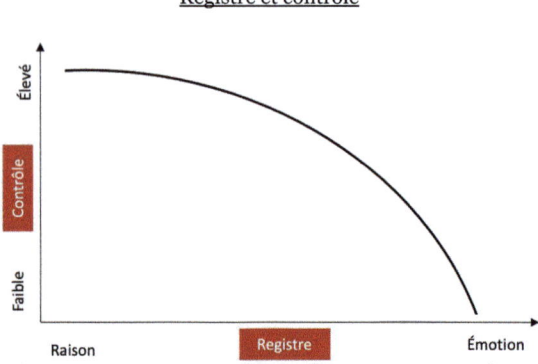

Ainsi, pour exploiter et orienter la pensée et l'action du client, le commercial peut avantageusement utiliser le curseur du registre et choisir de placer l'interaction avec son client dans le registre de la raison (le client pense) ou celui de l'émotion (le client exprime). Il peut par ailleurs alterner les 2 registres dans un même rendez-vous.

Le contrôle est un outil du pouvoir, mais ça n'est pas le seul. Diminuer le contrôle de votre client en l'amenant dans l'émotion, c'est diminuer son pouvoir.

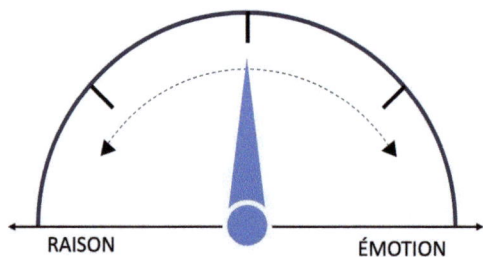

C'est, je pense, l'un des talents essentiels du commercial : savoir repérer et interpréter les signes corporels et verbaux de son client. C'est un savoir-être issu de savoirs et savoir-faire, eux-mêmes fruits d'un entrainement intensif et régulier, qui permet au commercial de déterminer les moyens de se positionner sereinement et de manière pertinente dans la relation pour servir ses objectifs.

Cet avis ne doit pas faire penser que le commercial doit tout autant être docteur en morphopsychologie, en psychologie clinique, en sociologie des organisations, ou autre. Cela reviendrait à penser que ces sciences et d'autres sont tellement simples qu'il suffirait presque de penser les maitriser pour les maitriser vraiment. Et ce ne sont pas quelques recherches, notamment sur internet, et le visionnage de je ne sais quel tuto YouTube qui ferons le job. Tout cela est bien plus profond. Mais cela ne doit pas exclure, moyennant des formations sérieuses, de connaitre et utiliser certains fondamentaux relatifs au fonctionnement de l'humain. D'autant que l'analyse et l'exploitation n'a ici pas de visée thérapeutique, mais uniquement commerciale, c'est-à-dire contribuer à connaitre son interlocuteur pour mieux l'influencer. On reste dans le « ici et maintenant » et on exclut le « ailleurs et avant ». Dans une démarche sincère qui se limite à l'influence et qui proscrit la manipulation, il n'y a pas de charlatanisme, de « gourouisme », de « je joue avec le feu ». Observer et exploiter doivent au contraire être encouragés dans la pratique du commercial. Ces compétences doivent être totalement incluses dans le panel d'outils du commercial car elles sont à l'évidence des moyens de différenciation privilégiés pour lui.

Concrètement, « aller chercher » l'émotion cela veut dire déclencher l'émotion chez l'autre afin de tirer parti de la baisse de contrôle, consciente ou inconsciente, que cela entraine. L'émotion est toujours précédée d'une pensée. Le moyen d'amener le client dans l'émotion est d'identifier le ou les sujets qu'il apprécie ou qui le touchent particulièrement et de l'y faire penser. Pour faire penser quelqu'un à quelque chose, soit on y va nous-même dans le sujet, soit en y amène l'autre.

Exemple : mon client aime le foot. Soit je prends l'initiative de parler de foot et il me rejoins dans le sujet ; soit je lui demande de parler de foot et je l'accompagne dans le sujet.

Obtenir d'une personne qu'elle parle de ce qu'elle aime contribue à la mettre à l'aise, à le placer en émotion de joie. Quel que soit le chemin pris, c'est le commercial qui choisit.

Y aller soi-même impose d'accepter de parler d'autre chose que du seul besoin du client. Tous les commerciaux parlent du besoin et de toute façon on doit en parler tôt ou tard. Mais tous ne parlent pas du client et c'est là une erreur très répandue. Prendre le temps, même après plusieurs années de relation, de ne pas parler uniquement de ce que le client veut acheter doit un être un réflexe. C'est un facteur différenciant puissant (cf 2.1.1. La questiologie)

Aller soi-même dans l'émotion ne veut pas dire parler de *nos* émotions (cf auto centrage de l'équation de la confiance), mais avant tout orienter vers celle de votre client car c'est lui que l'on veut influencer. Aller dans l'émotion du client c'est le questionner, sans parler du besoin, sur sa situation en évoquant ce qui va bien et ce qui va moins bien (ou carrément mal) et en privilégiant les sujets professionnels car ils revêtent un caractère plus objectif que les sujets extra professionnels. L'émotion doit faire émerger un problème, un souci, un caillou dans la chaussure, quelque chose qui empêche de dormir.

L'émotion peut particulièrement être utile dans deux phases essentielles de l'entretien de vente : la découverte et l'argumentation.

Lors de la découverte, le rôle du commercial est de faire parler le client. Le temps de parole s'établit généralement à 80% pour le client et 20% pour le commercial. Or il s'avère que certains clients ont du mal à lancer la moulinette à palabres. Les raisons principales que l'on peut identifier sont :

Raison	Cause
Timidité	Peur de la relation
Fatigue	Baisse d'énergie
Méfiance	Peur de quelque chose (du commercial, des enjeux,...)
Tactique	Faire parler le commercial en premier
Désintérêt	Pense à autre chose

Il faut alors :

1. Identifier le motif.
2. Comprendre la cause.
3. Creuser en questionnant.
4. Décentrer en allant vers l'émotion.

Lors de la phase d'argumentation consécutive à la phase de découverte. La qualité de l'argumentation dépend étroitement de la qualité de la découverte. Le client peut montrer des signes de non coopération.

Motif	Cause
Désaccord	Divergence sur un ou plusieurs de nos arguments
Fatigue	Baisse d'énergie, rendez-vous trop long
Méfiance	Peur de quelque chose, identification d'un risque (notamment l'éventualité de se tromper s'il signe la commande)
Tactique	Déstabiliser, négocier en position de force
Désintérêt	Pense à autre chose, ne plus être acteur du process

L'argumentation est la phase pendant laquelle le commercial fait la démonstration que sa proposition correspond aux besoins et attentes du client. Différentes méthodes existent pour argumenter et convaincre. Personnellement j'utilise la méthode redoutablement efficace du C.A.B.A. Quatre lettres pour : Caractéristiques, Avantages, Bénéfices, et Accord (voir « Évaluer son portefeuille clients »). Le principe général est de partir des Caractéristiques de mon offre (ce qui permet de la décrire), d'en tirer les Avantages (ce en quoi elle procure une amélioration) et de faire le lien avec les besoins et attentes du client (issus de la phase de découverte) afin de mettre en évidence le Bénéfice (la valeur qu'elle apporte au client) qu'en retire le client. Et enfin d'obtenir son Accord explicite.

C'est peut-être le moment d'argumenter en utilisant la technique de la narration, ou *storytelling* ou encore « mise en récit » qui introduit la notion d'imagination dans le processus d'influence.

Argumenter vise à impacter les attitudes de votre client, c'est-à-dire les évaluations générales qu'il a, ses sentiments et opinions envers une personne, un objet ou une situation. Les attitudes peuvent être influencées par des facteurs cognitifs (ithos), émotionnels (pathos) ou sociaux. L'attitude n'est donc pas le comportement, ce dernier décrivant ce que l'on fait.

Nous ambitionnons donc d'impacter l'attitude de notre client par le canal de l'émotion et pour ce faire, mieux vaut être préparé. En effet, une préparation de rendez-vous bien faite inclut le recensement des potentielles réactions que notre client exprimera par le moyen d'arguments et d'objections. Aussi, on pourra imaginer gérer ces éléments en décentrant le client par l'utilisation d'un **biais narratif** consistant à exploiter dans notre intérêt la tendance de notre client à préférer les informations présentées sous forme d'histoire plutôt que des faits isolés.

En plus de notre travail de préparation, c'est notre découverte qui nous permet d'évaluer la force du biais narratif de notre client. C'est en effet pendant la phase de découverte que l'on identifie le mieux possible les leviers psychologiques du client. Et il s'avère que certains de ces leviers caractérisent des personnalités hermétiques voire fortement réfractaires à ce type d'approche. Par exemple, le rouge dans le modèle DISC©, ou le type analyser (ex type travaillomane) dans le modèle Process©, ou encore le A de Argent du SONCASE, seront peu réceptifs à un storytelling. Cela peut même être un répulsif. Pour eux il faut avant tout des faits, des phrases courtes et directes (sujet + verbe + complément). En revanche, le jaune du DISC© ou le type énergiseur (ex type rebelle) et, pourquoi pas le type imagineur (ex type rêveur) Process Com©, ou encore le S de Sympathie du SONCASE seront friands de vos histoires.

À l'issue de notre découverte, on doit avoir une idée précise et méthodique (mais pas de certitudes hâtives) sur le fonctionnement relationnel de notre client. On doit pouvoir répondre à une série de questions qui nous aideront à orienter notre prise de parole lors de la phase d'argumentation et les suivantes. Orientation sur le fond bien sûr, mais aussi sur la forme et avec cela la détermination ou la confirmation de la position du curseur entre raison et émotion.

On doit être préparé, ou plutôt avoir pré-paré, c'est-à-dire : être prêt à parer, ou plutôt même avoir paré à l'avance lors de notre pré-paration de rendez-vous. La clé c'est d'avoir imaginé des scénarios à l'avance. Ce qui revient à avoir anticipé les réactions du client et d'être prêt à l'avance à les parer. En poussant le raisonnement, on doit aussi envisager de faire émerger la réaction si le client ne réagit pas ou pas assez à nos stimulus. Une réaction gérée (ou parée) pendant la phase de découverte ou celle de l'argumentation permet que celle-ci reste seulement une réaction et ne se transforme pas en une objection bloquante si elle est exprimée pendant la phase de négociation ou de *closing*.

C'est pour cela que l'émotion, en cela qu'elle introduit l'imagination dans le processus et qu'elle crée de nouveaux référents, permet de faire émerger des éléments qui ne sont pas exprimés par la raison. Certains clients n'osent pas (tout client qu'ils sont) exprimer certains avis. Sauf que les avis en question, ils les ont. Alors, s'ils sont exprimés trop tard dans notre plan de vente, ils deviennent bloquants pour le process de vente. Le job du commercial est de faire émerger le plus en amont possible dans le plan de vente ce qui doit être dit.

Bon, c'est vrai, l'écueil dans l'émotion c'est de perdre le contrôle du client qui s'enferme dans des récits sans fin ou se complaît dans des narrations inutiles (et parfois auto centrées, voire gênantes). Il faut anticiper et avoir les moyens de revenir sur notre ligne droite GASP. Il faut donc accepter de faire preuve d'assertivité en choisissant le bon moment et le bon moyen de revenir sur notre ligne droite. Affaire de subtilité, de qualité de la relation, et de confiance aussi.

J'illustre cette partie par la présentation d'un exemple personnel.

A. Le contexte : je suis contacté par le patron d'un cabinet de formation et de coaching avec lequel je travaille depuis de nombreuses années sur différentes missions. Le patron m'informe qu'un de ses clients doit sélectionner un formateur coach pour une mission diplômante de 2 ans que le cabinet pilote. Il me propose de candidater. Je fais part de mon intérêt et lui demande alors de quoi ça va parler. Il me répond : de « *category management* »

B. La problématique :
   a. Je ne connais rien au sujet mais je peux me renseigner de mon côté sans trop de problème.
   b. Je me doute instinctivement que je suis la « proposition repoussoir », cette proposition que l'on fait en sachant que le client ne peut pas l'accepter mais qui sert, par un effet de contraste, à rendre les autres propositions plus attractives même si elles sont imparfaites. En effet, renseignement pris rapidement, j'apprends que le cabinet a à ce moment-là 2 consultants salariés qui sont en inter mission et qui connaissent le sujet.
   c. À ce stade : j'évalue le potentiel de transformation à moins d'une chance sur 3.

C. La stratégie :
   a. Appliquer cet autre précepte de Sun Tzu « *Le bon stratège choisit son champ de bataille.* » Je dois décentrer la cliente et l'amener là où je suis fort.
   b. Je prépare le sujet le plus en profondeur possible, notamment en concevant un storytelling sur le coaching.
   c. Je me renseigne sur la société cible et notamment sur la personne que je vais rencontrer, la DRH.

D. Le rendez-vous :

   a. Arrivé en salle d'attente, j'observe et hume l'atmosphère de l'entreprise, et je lis les documents qui sont, certainement pas par hasard, mis à la disposition des visiteurs (livre corporate sur l'entreprise, revues spécialisées, etc...)

   b. À l'arrivée de la DRH, j'analyse le personnage : poignée de main, sourire, comportement général, les premiers mots, les premiers gestes, les premiers regards.

   c. Au début du rendez-vous, une fois assis, je cadre gentiment (objet du rdv, objectif du rendez-vous et temps imparti), puis, plutôt que d'étaler tout un tas de compétences et d'expériences (« faire péter les galons » comme on dit) pour répondre à sa demande « Présentez-vous », je lui demande « de bien vouloir prendre juste quelques minutes pour me dire quelques mots sur ce qu'elle attend du formateur coach qu'elle va recruter ». Ce faisant, je me donne l'opportunité de mieux cerner le besoin et les attentes du client, ainsi que ses critères de sélection (explicite et implicites) en tant que personne. Cet exposé étant longuement déroulé grâce à mes questions d'investigation et de reformulation, je conclue la séquence à mon initiative en lui demandant « Quel serait son critère le plus important pour sélectionner le coach. » La réponse tombe et elle n'est pas en ma faveur : la DRH veut que le coach connaisse parfaitement les clients de l'entreprise, à savoir les Grandes et Moyennes Surfaces (GMS). À ce stade : je ne connais pas très bien le sujet de la mission proposée, et je ne corresponds pas du tout au critère principal (je n'ai à ce moment-là de ma carrière aucune expérience en GMS). J'accuse réception de son critère, le valorise et le reformule. Puis je l'isole : c'est vraiment *le* critère le plus important. Et enfin je pré-clos, c'est-à-dire que j'obtiens d'elle un accord sur le fait que si je lui montre que je corresponds à son besoin (pas à son critère) on pourra sérieusement envisager de travailler ensemble. Cet accord obtenu explicitement, je bascule alors de la raison (exposé, critères, métier, etc...) vers l'émotion. Je la décentre de son critère en l'attirant sur un terrain que je connais par cœur en lui faisant une présentation totalement préparée du métier de coach. En lui parlant non pas de moi, mais de mon métier, je lui permets d'imaginer une situation future améliorée (en partie grâce à moi, bien sûr). Le registre de vocabulaire que j'emploie est : passion, engagement, écoute, empathie, accompagnement. Le para verbal est résolument calme et rassurant : débit pas trop rapide et surtout régulier, ton homogène avec un peu d'emphase sur les points que je veux qu'elle retienne. Le non verbal est au diapason : main sur le cœur, regard doux, gestes lents. Je ne négocie pas, je fais adhérer, je raconte, de démontre, j'ouvre, notamment vers l'imagination.

E. La conclusion : à la grande surprise du cabinet, j'obtiens la mission.

Que retenir de cette situation ainsi décrite ?

1. Le **rapport de force** était clairement en la faveur de mon interlocutrice, les **enjeux** étaient assez élevés pour elle et plutôt élevés pour moi (une mission de 2 ans c'est très intéressant).
2. La préparation m'a permis de créer un fond de discours qui a servi à asseoir ma **crédibilité**.
3. L'observation, de l'entreprise et de mon interlocutrice, m'a permis de créer de la **proximité** et d'identifier les leviers sur lesquels je pourrai agir.
4. L'inversion de la prise de parole m'a permis de mener une découverte qui ne disait pas son nom mais qui a été très productive. Cela m'a en outre permis de montrer que j'étais **centré sur elle** et aussi de bâtir ma **crédibilité**.
5. J'ai utilisé tous ces éléments pour déterminer si je pourrai aller dans l'**émotion,** et si oui, quand et comment je pourrai le faire.

Que le lecteur veuille bien me pardonner d'avoir un peu parlé de moi. Mais bref, je ne suis pas plus malin que les autres. J'ai juste mis en œuvre une méthode précise. Et je l'ai peut-être d'autant mieux mise en œuvre que je me suis entrainé.

Alors pourquoi pas vous ?

En matière de faculté à emmener l'interlocuteur vers une zone de non contrôle, je me réfère fréquemment aux travaux de Simon Sinek. L'auteur-conférencier a théorisé le Cercle d'or en 2009. Cette théorie analyse la manière dont les grands messages de communication sont inspirants. Sinek part du constat que les communications les plus fréquemment utilisées s'appuient sur les caractéristiques de l'offre et sur la façon dont elle est conçue. Il propose alors l'idée que 100% des individus savent ce qu'ils font, et que moins de 100% d'entre eux savent comment ils le font. Il ajoute que très peu d'individus savent pourquoi ils font ce qu'ils font. Avec ces 3 niveaux, il crée le « Cercle d'or ».

Le Cercle d'or

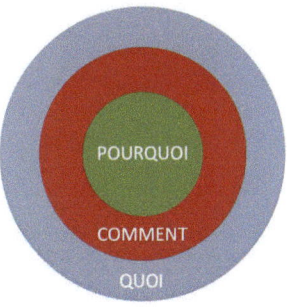

Dans les communications les plus répandues, l'information commence par le QUOI, va vers le COMMENT et parfois jusqu'au POURQUOI. Elle va de l'extérieur vers l'intérieur.

Le cercle d'or théorise l'idée qu'une communication qui inverse l'ordre de l'information est beaucoup plus inspirante et impactante. Aller de l'intérieur, du POURQUOI, vers l'extérieur, le QUOI, en passant par le COMMENT est la plus puissante manière d'emmener les individus vers soi.

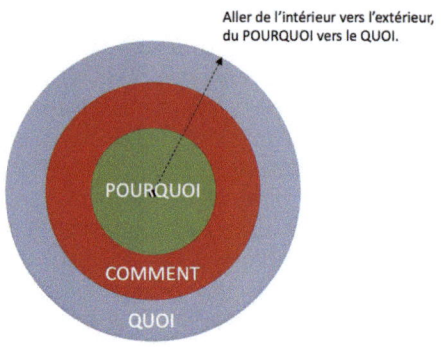

Il le dit lui-même, c'est sûrement l'idée la plus simple qui existe. Et cette idée consiste à « *Toujours commencer par le POURQUOI* ». Partir du POURQUOI permet de solliciter chez l'autre des zones cérébrales précises qui placent la relation dans l'émotion et non la raison, dans le sens et non dans la réflexion. Autrement dit, on peut faire du business avec les gens qui ont besoin de notre produit, mais il est beaucoup plus puissant de faire du business avec ceux qui croient en ce en quoi nous croyons. C'est ce qui rend Apple, un constructeur d'ordinateurs parmi d'autres, apte à vendre des ordinateurs dans le monde entier, mais aussi des lecteurs Mp3, des smartphones, des tablettes, et tout un tas d'autres produits qui ne sont à première vue pas assimilables à un ordinateur. Il ajoute : « *Les gens n'achètent pas ce que vous faites, mais POURQUOI vous le faites.* » et applique son approche à une coupe transversale du cerveau humain en distinguant le néocortex du système limbique.

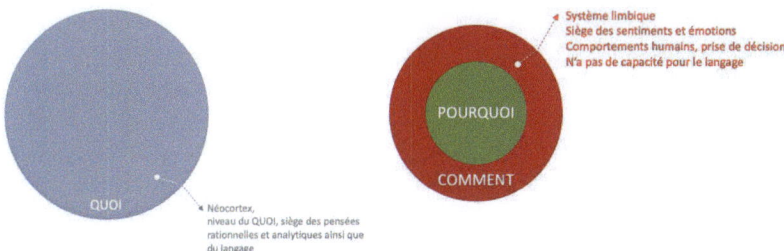

Le néocortex est notre cerveau le plus récent, celui d'homo sapiens. Il constitue chez tous les mammifères une large partie du cerveau qui est essentielle à la perception de l'environnement, à l'élaboration de réponses motrices aux stimulus externes, ainsi qu'aux fonctions cognitives (ce que l'on pense). Son fonctionnement repose entre autres sur l'existence de connexions massives avec le reste du cerveau et de la moelle épinière, en particulier une grande partie de l'information sensorielle (vision, audition, toucher, goût). Il est le siège de nos pensées rationnelles et analytiques, ainsi que du langage. C'est le niveau du QUOI.

Le système limbique, appelé parfois cerveau limbique ou cerveau émotionnel, est le groupe de structures de l'encéphale jouant un rôle très important dans le comportement (ce que l'on fait) et dans diverses émotions comme l'agressivité, la douleur morale, la peur, le plaisir, ainsi que la formation de la mémoire. « Limbe » signifiant « frontière », le système limbique est une interface anatomique et fonctionnelle entre la vie cognitive et la vie végétative. Il est le siège de nos prises de décision et n'a pas de capacité pour le langage. C'est le niveau du COMMENT et surtout du POURQUOI.

Tout individu voulant convaincre un autre individu ou un auditoire doit avoir présentes à l'esprit ces 2 propositions : « *Toujours commencer par le POURQUOI* » et « *Les gens n'achètent pas ce que vous faites, mais POURQUOI vous le faites.* » C'est exactement ce que j'ai fait dans la situation décrite. J'ai amené mon interlocutrice à s'exprimer sur *son*

QUOI (profil du coach), sur *son* COMMENT (critères de sélection du coach), puis je l'ai emmenée dans *mon* POURQUOI je suis coach. Je nous ai fait cheminer de la raison (j'allais dire *pure* et ça n'aurait pas été une critique*)* vers l'émotion. Et une fois arrivés dans l'émotion, j'ai pu dérouler un *storytelling*, raconter une histoire, mon histoire, ou en tout cas ce que je voulais en dire qui puisse impacter mon interlocutrice que je voulais convaincre.

À ce stade, je propose de dézoomer un peu.

Rappelez-vous l'inventaire des 10 savoir-être du sportif de haut niveau dans le « Référentiel de compétences du sportif de haut niveau ou professionnel » de l'Agence Nationale du Sport, et appliquons-le à notre situation :

Savoir être	En ai-je usé ?	Comment
Adaptabilité	☑	En adaptant la forme de mon intervention à ce que j'ai perçu que mon interlocutrice voulait entendre et voir.
Ambition	☑	En mettant en œuvre des techniques précises et en mobilisant des compétences au service de mon objectif : être choisi.
Concentration	☑	Focus objectif depuis ma prise de rendez-vous au téléphone jusqu'à la poignée de main d'au revoir à la fin du rendez-vous.
Contrôle de soi	☑	Être centré sur elle, l'écouter, la sonder, décoder ses signaux verbaux et non verbaux.
Créativité	☑	Sur la façon de raconter mon histoire.
Fiabilité	☑	En donnant des exemples.
Persévérance	☑	Addition de concentration + ambition.
Réactivité	☑	Dans le choix des moyens au contact de mon interlocutrice.
Résilience	✗	Pas eu besoin car nous n'étions pas en face d'un choc traumatique (définition stricte). Cependant, la réaction nécessaire à l'annonce du critère auquel je ne correspondais pas du tout pourrait s'apparenter à une forme de résilience allégée (si ça n'est pas un oxymore).
Rigueur	☑	Rester sur ma ligne de bout en bout

Ayant compris ce que ces savoir-être sont et procurent comme bénéfices, on peut dès lors identifier ce qu'ils doivent ne pas être ou ne pas devenir :

Savoir être	Ce que ça n'est pas ou ne doit pas devenir	Comment l'éviter
Adaptabilité	Improvisation, sur adaptation	
Ambition	Surenchère, agressivité	
Concentration	Auto centrage, ne pas écouter	
Contrôle de soi	Rigidité, directivité	
Créativité	Hors sujet, en faire trop, brouiller le message	En préparant !
Fiabilité	Sur information, sur confiance	
Persévérance	Insistance, harcèlement,	
Réactivité	A priori, idée reçue, sortir du plan de vente	
Résilience	Thérapie	
Rigueur	Rigidité	

On le voit, le constate, le comprend, l'imprime, l'accepte, le prend en compte, le promeut : pour convaincre, on doit utiliser les mêmes savoir-être qu'un sportif de haut niveau.

À cela s'ajoute une dimension commune aux deux univers : **la répétition.** Faire un rendez-vous, dérouler un plan de vente, interagir avec des individus de temps en temps, est à la portée de toute personne un tant soit peu motivée et formée. Mais enchainer, le répéter régulièrement, dans un contexte concurrentiel fort, dans des environnements différents, dans un cadre managérial précis, et parfois avec des enjeux relationnels et économiques lourds, relève de la vraie et respectable performance. C'est là je pense l'une des valeurs ajoutées réellement impactante et constructive de l'encadrement : savoir créer les conditions de la performance et de sa durabilité.

Conclusion

La performance du commercial est un mélange de méthode, de posture et d'ambition.

Comme l'a récemment exprimé Louis Schweitzer (ancien P-DG de Renault notamment) : « *La vraie éloquence est l'expression de la personnalité.* »

Aussi, dans ce mélange de méthode, de posture et d'ambition, le commercial doit être au clair avec lui-même. Sa posture, si elle est réellement l'expression de sa personnalité, sera le catalyseur de sa méthode et de son ambition et lui permettra d'utiliser à bon escient tous les outils dont il dispose.

TROISIÈME PARTIE :
LES 4 AXES DE DIFFÉRENCIATION

Dans un contexte concurrentiel moderne chamboulé et complexe, l'idée ici est de compléter la faculté du commercial à se différencier.

L'accès à l'information est vaste, facile et immédiat. Cela faire dire à certains commerciaux que leur job en est devenu difficile. Mais difficile en quoi ? Doit-on comprendre : difficile de maitriser le client car maintenant, *il sait* ? Remarque, il faut le reconnaitre, bien souvent justifiée, mais révélatrice d'un certain manque d'ambition ou a minima de savoir-faire. Car si le client peut savoir, il ne faudrait surtout pas oublier que nous aussi nous pouvons savoir. Nos clients, sauf entreprise particulièrement bien dotée en outils de collecte et de gestion de l'information, n'ont pas plus ni moins de moyens que nous.

L'accès à l'information est un marqueur de notre volonté de se différencier. Et d'ailleurs, faites-vous une différence entre savoir et connaissance ? Il y en a une et elle est, elle aussi, un marqueur de notre volonté de se différencier : la connaissance est un savoir qui *modifie* celui qui le reçoit. Savoir c'est bien, utiliser ce savoir pour connaitre c'est mieux.

Toutes les interactions d'une entreprise désireuse de se différencier sont autant d'opportunités de le faire, car se différencier ne rime pas forcément avec innover. On peut se différencier seulement en opérant un ou plusieurs changements de type 1 (voir Avant-propos).

Interactions internes comme par exemple, l'emménagement dans un nouveau siège social, la mise en place d'un programme de protection sociale d'envergure, une restructuration, une opération de cohésion d'équipe, un changement du parc informatique (moins glamour...). Ce type d'actions internes, ou plutôt interactions car il y a « *réaction réciproque de deux phénomènes l'un sur l'autre »*, ou encore *« action réciproque qu'exercent l'un sur l'autre deux ou plusieurs systèmes physiques. »*, a des incidences directes ou indirectes sur tout ce qui n'est pas l'entreprise. Le job du commercial est de transformer ces actions internes en caractéristiques fournissant des avantages à ses clients. Prenons l'exemple d'un programme de cohésion d'équipe.

	Pour l'entreprise	Pour les clients
Caractéristique	Le Directeur Général lance un programme pluri mensuel de cohésion d'équipe en vue de favoriser la coopération entre les collaborateurs, donner du sens à la mission de chacun et chacune dans l'entreprise et bâtir une culture fédératrice.	Communication sur cette opération faite par les commerciaux auprès de leurs clients.
Avantage	• Renforcer l'implication des personnels grâce à un meilleur sentiment d'appartenance. • Motiver les personnels en dessinant un avenir clair et stimulant. • Déclencher une meilleure perception des clients (à conditions bien sûr de le leur faire savoir)	• Avoir un fournisseur qui « va bien », qui fonctionne bien et qui est à même de tenir ses promesses commerciales. • Augmenter leur confiance en ce fournisseur. • Renforcer la relation
Bénéfice	• Attractivité interne • Attractivité externe • Effort de fidélisation du client maitrisé	• Gain de temps • Gain d'efficacité
Accord	Tout le monde est d'accord ?	

Interactions externes (ou qui concernent les clients directement) comme par exemple, la mise en place d'un programme de fidélisation, le lancement d'une nouvelle gamme, la mise en place d'une approche client plus personnalisée, etc...

Dans les 2 configurations (interne et externe), l'enjeux est de savoir faire et de faire savoir. Il ne faut pas interpréter différemment la prolifération de publicités et de communications diverses et variées qui nous impactent quotidiennement. D'ailleurs, en matière de faire savoir, se différencier tient souvent dans la manière de faire savoir : subtile ou grosse artillerie dans tous les médias et supports imaginables, communication institutionnelle ou communication opérationnelle, etc...

Dans l'entreprise, les commerciaux, en cela qu'ils font l'interface avec l'extérieur, sont en position particulièrement favorable pour la collecte et la diffusion d'information. L'un des facteurs différenciant est notre performance dans la gestion de l'information. Je l'évoquais dans la partie sur le pouvoir, l'information est un pouvoir, et ce pouvoir, il est pertinent de l'utiliser pour se différencier.

Mais au fait, pourquoi se différencier ?

Se différencier c'est être ou devenir différent, se distinguer. À être différent juste pour *être* différent, on risque d'être *trop* différent, de brouiller la visibilité, de s'exclure d'une partie ou de tout un marché. Ça n'a pas vraiment de sens. Le constat qui met tout le monde d'accord en gros c'est que les process de ventes ont globalement tous changés. Ceux qui étaient simples sont devenus compliqués, ceux qui étaient compliqués sont devenus très compliqués. D'où le besoin de sortir du lot, de se distinguer en bien.

L'entreprise désireuse de se différencier des autres doit répondre à plusieurs questions :

Question	Sens
Pourquoi changer ?	Cause, point de départ, motif
Pour quoi changer ?	Résultat visé, but, finalité
Vers qui changer ?	Cibles, segments, marchés, pays
Changer quoi ?	Sujet, domaine, méthode, approche
Changer comment ?	Moyens, impact, plan

Le commercial est une des composantes de la réponse à ces 5 questions et au final il incarne un moyen significatif de différenciation car il est une ressource humaine qui agit dans le cadre d'une mission (tâche ou ensemble de tâches ayant une durée et un périmètre limités). Au-delà donc de son offre produit/service, de son expérience, de l'image de marque et de la notoriété de son entreprise, le commercial incarne véritablement et à son niveau la politique de l'entreprise. Son job est de mettre en œuvre cette politique et avec cela de contribuer à la mise en action du niveau de différentiation décidé par l'entreprise.

J'ai décrit dans les 2 premières parties de ce livre quels leviers individuels comportementaux et attitudinaux (ce mot existe pour de vrai, c'est l'adjectif pluriel d'attitude) le commercial pouvait utiliser pour se différencier. Mais cet ouvrage serait je pense incomplet s'il ne proposait pas une approche relationnelle plus globale des comptes clients.

En effet, la performance du commercial repose, certes, sur la connaissance et l'utilisation des leviers sur lesquels il peut agir directement, mais aussi sur la méthode qui guide et encadre sa stratégie et son action commerciale.

Cette approche, la voici décrite dans les pages qui suivent. Appelons-la : Méthode des 4 P

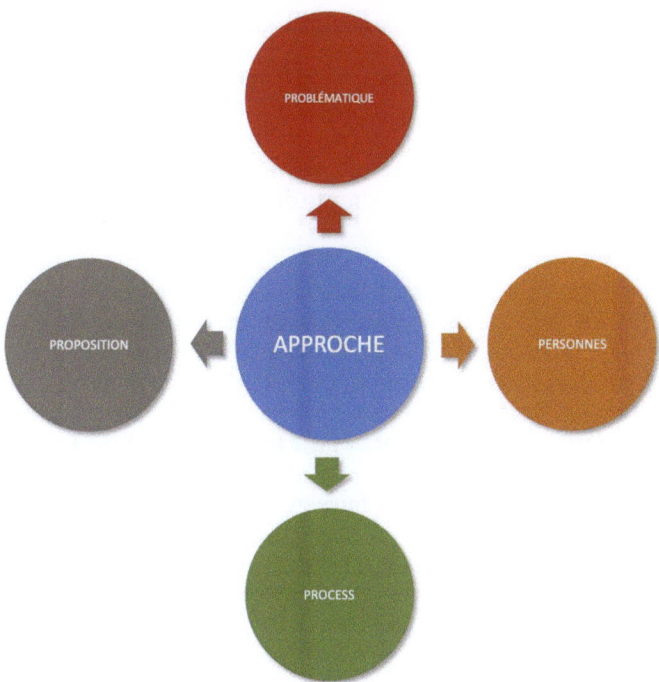

Cette méthode des 4 P » (à ne pas confondre avec le mix marketing) propose d'encadrer et orienter l'action vers un compte au travers de 4 axes : la Problématique, les Personnes, le Processus, et la Proposition (en anglais : Pain, People, Process, Proposition).

C'est en travaillant simultanément sur les 4 axes que le commercial sera en capacité d'optimiser ses efforts et d'appréhender ses comptes clients en étant réellement différenciant.

3.1 La Problématique

La problématique est la traduction française acceptable du mot anglais *pain* qui veut dire douleur.

L'approche proposée prend comme point de départ la connaissance et la prise en compte de la problématique de notre client.

J'en parlais précédemment dans ce livre, un client ne peut se mettre en mouvement pour trouver une solution que s'il a quelque chose qui le gêne, un problème à résoudre (une *Pain*). La connaissance et la prise en compte de la problématique de notre client est fondamentale car c'est elle qui va orienter les interactions avec le client et définir **le motif réel de l'action**.

Le job du commercial est de faire exprimer la problématique de son interlocuteur. Certaines sont explicites et déjà identifiées comme telles, d'autres sont à l'état latent et il faudra donc, par un questionnement orienté, les faire émerger.

Selon le dictionnaire Larousse, « *Une problématique est l'ensemble des questions, des problèmes concernant un domaine de connaissances ou qui sont posés par une situation.* » Il ajoute « *Une problématique est donc un ensemble de questions qui s'applique à un domaine particulier.* »

Dans notre domaine commercial, la Problématique c'est ce qui préoccupe le client, le caillou dans sa chaussure, sa « douleur », ce qui peut même aller jusqu'à l'empêcher de dormir. De fait, c'est ce qui fait qu'il a besoin d'une solution. Car ça n'est pas l'entreprise qui a une Problématique, c'est l'individu. Aucune entreprise (en tant qu'organisation) ne se réveille le matin en se disant : « *Il faut que je règle tel ou tel problème.* » ou « *Si je ne règle pas ce problème je risque de perdre mon emploi.* »

La Problématique est un sujet humain et s'appréhende donc au travers de critères humains, c'est-à-dire liés à des Personnes.

Cela renvoie donc à des considérations ayant trait à la raison tout autant qu'aux émotions. Cela inclut la motivation, le risque, la reconnaissance, l'évaluation, ou encore la position hiérarchique, l'ancienneté ou le désir. En étant liée à la Personne, la Problématique est spécifique au rôle ou à la fonction de la Personne, ainsi qu'à la manière dont cette Personne se situe dans l'entreprise et comment elle est perçue, évaluée et jugée.

Au sein d'une même entreprise, un même problème ne représentera pas la même Problématique pour une Personne qui a un fort pouvoir et un statut élevé (le Dirigeant par exemple), que pour une Personne qui a peu de pouvoir et un statut modeste (par exemple un nouvel entrant).

La Problématique est fondamentale car c'est d'elle que proviennent le besoin et les critères de satisfaction de la Personne qui a cette Problématique.

Voilà qui démontre, si besoin, l'importance de ne pas découvrir que le besoin, car le besoin n'est qu'une conséquence et une étape vers la détermination des critères de satisfaction, c'est-à-dire l'ensemble des éléments qui feront dire à la Personne que son problème est résolu.

Dans ce registre, le mot anglais *pain* est plus parlant. Quelle est la *douleur* de la Personne ? Qu'est-ce qui le gêne, à quelle(s) difficulté(s) fait-il face, quels sont ses défis ?

Ce qui le gêne est lié à sa situation personnelle. La douleur est la sienne, pas celle de l'entreprise. C'est évidemment pour cela que l'on doit se renseigner à l'avance sur la Personne que l'on rencontre car cela procure des éléments que l'on pourra corroborer et développer pendant l'entretien. Nos renseignements doivent se concentrer sur :

- Son poste
- Sa fonction
- Son service
- Sa hiérarchie
- Son ancienneté
- Ses postes précédents
- Sa localisation
- Sa formation
- Ses affinités
- Ses relations
- Ses engagements associatifs
- Sa participation à des événements professionnels (séminaires, formations, colloques, réunions, etc...)

La plupart de ces éléments se trouvent sur le site internet de l'entreprise et les réseaux sociaux. Profitez-en ! C'est simple et accessible. Partez de l'idée que si ces éléments sont publics, c'est que la Personne les y a librement et volontairement mis elle-même, ou qu'elle a donné son accord à un tiers (souvent son employeur) pour qu'ils s'y trouvent.

L'idéal c'est d'avoir une espèce d'ambassadeur ou de cheval de Troie dans les entreprises ciblées. C'est la personne, partie prenante ou pas du processus d'achat, qui pour des raisons personnelles et/ou affinités relationnelles avec le commercial, renseigne et aiguillonne ce dernier à l'intérieur de son entreprise. Elle est apte à identifier le changement, décrypter les mouvements, donner de l'information, cartographier les intervenants, dire de l'intérieur ce qui ne se dit pas à l'extérieur. C'est une pratique que j'ai couramment utilisée lorsque j'étais moi-même commercial Grands-Comptes et cela m'a beaucoup aidé à faire du business avec des entreprises multinationales dans un contexte de vente complexe.

Mais cheval de Troie ou pas, notre questionnement doit servir à investiguer sur ces sujets.

Questionner, c'est se différencier. Trop peu de commerciaux, et c'est une chance pour ceux qui le font, pensent, savent ou osent poser des questions sur la Personne.

Or la Problématique de la Personne est la base de sa démarche, le déclencheur. Cette Personne a un problème et elle cherche une solution. Je le disais plus tôt, et le répète, notre questiologie doit porter aussi sur ce sujet. Plus importante est la Préoccupation, plus importante sera la motivation et donc plus importante sera la propension de la Personne à communiquer sur ce qui le préoccupe.

De plus, plus importante est la Préoccupation, plus les enjeux personnels seront importants pour celui qui vit cette problématique. C'est une donnée essentielle à prendre en considération dans la préparation d'une négociation en vue de déterminer la stratégie à mettre en œuvre. La prise en compte d'éléments d'enjeux, tant au niveau de la Personne avec laquelle on négocie, qu'au niveau de l'organisation pour le compte de laquelle elle négocie, voire à d'autres niveaux (qui peuvent varier selon les situations et les variables d'analyse retenue pour analyser son marché), est un outil de détermination de la stratégie de négociation.

Rappelons que le processus de négociation revêt un caractère éminemment émotionnel. En confrontant des enjeux et du pouvoir, les parties prenantes de la négociation cherchent à trouver un accord (la vente, elle, cherche une décision : oui ou non). Ce mécanisme se réalise la plupart du temps par un jeu de concessions et de contreparties. Les enjeux renvoient à une espérance de gagner ou une peur de perdre. Il y a de l'émotion.

Une connaissance approfondie de la Problématique, ou des Problématiques, permet de jouer sur différents curseurs dans la négociation. On peut répertorier au moins 7 curseurs :

Curseurs émotionnels dans la négociation

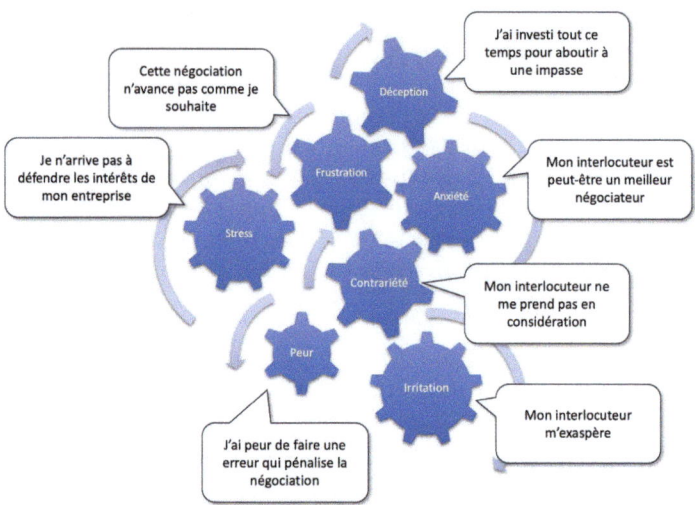

Ces curseurs émotionnels seront mis en action par le pouvoir de celui qui a la Problématique. Autrement dit, dans toute négociation, chacune des 2 parties joue sur 2 axes : les pouvoir et les enjeux. Bien connaître la Problématique de mon interlocuteur de négociation permet d'anticiper au maximum la stratégie de négociation adéquate à mettre en œuvre. Ces 7 curseurs concernent le commercial bien sûr, mais aussi le client et toute personnes présente durablement ou ponctuellement dans la négociation.

Une optique de négociation peut consister à appuyer sur le ou les curseurs identifiés chez le client (par exemple sa peur de faire une erreur, et sa frustration), ou au contraire à éviter de placer le client face à ces curseurs pour ne pas le déstabiliser ou se le mettre à dos inutilement.

Matrice de stratégie de négociation

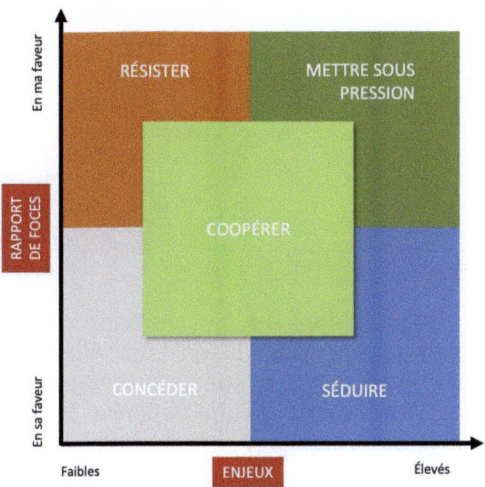

Mais revenons à notre Problématique, notre *Pain*.

De fait, on peut penser qu'une Personne qui a une Problématique sera plus réceptive à un commercial qui est centré sur elle (le dénominateur de l'équation de la confiance), et aussi que ce commercial aura sa préférence en matière de relation et de réceptivité à ses recommandations et propositions.

La motivation de la Personne à résoudre son problème pourra renforcer sa maturité d'achat ou, si la Personne n'est pas décisionnaire ou pas le seul, renforcer son implication dans la prise de décision. Dans le graphe des parties prenantes, elle sera dans la catégorie des supporteurs (élevée dans la force de relation mais pas référent dans l'influence), voire, si son influence est haute, dans la catégorie champion.

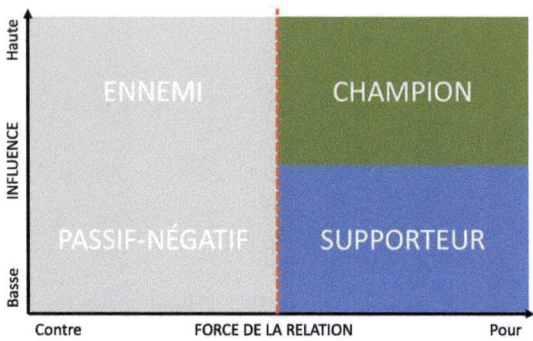

Prenons un exemple dans la vie courante : une Personne commence un nouveau travail. Jusqu'à lors elle travaillait près de chez elle et se rendait sur son lieu de travail à pied. Ce déplacement n'occasionnait aucune dépense. Mais son nouvel emploi se trouve désormais à 35 km de chez elle. Elle ne peut pas s'y rendre à pied.

- Sa Problématique est la suivante : être à l'heure et assidue dans son nouveau travail malgré la distance de 35 km, sinon elle ne conservera pas ce nouvel emploi.
- Son besoin : trouver un moyen de locomotion pour couvrir la distance : transport en commun, trottinette, 2 roues motorisé, voiture...
- Son critère (plus que probable) : le prix, puisque ce moyen de transport constituera une dépense qui jusqu'à présent n'existait pas (donc impact significatif dans un budget).

Transposons cette logique dans un milieu professionnel : une Personne vient de prendre ses fonctions de Directeur des Achats pour la France dans une entreprise de taille mondiale qui fabrique des pièces de rechange pour l'industrie. Elle a une forte expérience dans son domaine et sa Direction Générale France lui a, à la demande de la Direction monde, assigné la mission particulière de réorganiser le service achats, notamment en mettant en place des méthodes de management novatrices.

- Sa Problématique est la suivante : grande mission = grands risques, donc ne pas se rater, poser son style dans le service tout en assumant la spécificité de sa mission telle que demandée par la Direction Générale.
- Son besoin : trouver des points d'appuis en interne et en externe (notamment des fournisseurs) pour lui permettre de dérouler son plan de prise de fonctions dans les meilleures conditions possibles.
- Ses critères concernant un fournisseur : confiance (notamment fiabilité) et professionnalisme.

Le job du commercial est d'obtenir un maximum d'informations sur :

- La Personne : cf liste plus haut.
- Le contexte et les conditions d'arrivée de ce nouveau Directeur des achats, les tenants et les aboutissants, comment le service perçoit cette arrivée, des détracteurs ou des supporteurs déjà déclarés, etc...
- Se positionner dans la relation avec ses contacts habituels et avec le nouveau Directeur des achats (s'il obtient un rendez-vous) en insistant sur sa fiabilité et son professionnalisme...

... et on ne parle toujours pas de pièces de rechange...

Dans le commerce, faire la différence, c'est donc prendre pour point de départ la Problématique. Et nous l'avons vu, ce ne sont pas des personnes morales qui ont des Problématiques, mais des Personnes physiques, des individus, des humains. Du genre que nous rencontrons tous les jours et qu'il est donc important de sonder régulièrement sur leur situation, leurs ambitions, leur parcours de vie. Le fait, par exemple, pour un client de devenir papa aura certainement un impact sur son travail : ralentissement du rythme à cause de la fatigue ou d'un changement de perception du sens de la vie, ou au contraire surimplication suite à la prise de conscience de nouvelles responsabilités à forte teneur émotionnelle... Le commercial doit à minima avoir anticipé ce type de conséquences.

3.2 Les Personnes

L'objectif est d'identifier les Personnes qui interviennent directement ou indirectement dans le processus d'achat,

On doit classer les Personnes identifiées dans 3 grands domaines de l'entreprise :

- Pôle Direction Générale (périmètre 360° dans l'entreprise)
- Pôle Administratif et financier
- Pôle Technique (ou utilisation)

Une cartographie recensant l'ensemble des parties prenantes du processus d'achat décrira pour chacune des Personnes : ses Problématiques, ses besoins et ses critères. Plus ce travail sera précis et exhaustif, plus le commercial pourra se différencier. La carte des Problématiques ne doit pas être confondue avec ce que certains appellent la « matrice relationnelle » c'est-à-dire le document qui recense les personnes présentes dans process et qui est souvent présenté sous forme de simple organigramme.

La carte des Problématiques sera enrichie par d'autres informations sur chaque Personne :

- Titre
- Service
- Rôle : acheteur, utilisateur, conseiller, financeur

Au final, ce travail sur les Personnes peut être synthétisé comme suit :

Carte des Problématiques

PÔLE ENTREPRISE				PÔLE ADMINISTRATIF ET FINANCIER				PÔLE TECHNIQUE			
Nom	Problématique	Besoin	Critères	Nom	Problématique	Besoin	Critères	Nom	Problématique	Besoin	Critères

La carte des Problématiques enrichie, ici pour le pôle Entreprise par exemple, se présente comme suit :

PÔLE ENTREPRISE							
Nom	Service	Rôle	Influence	Relation	Problématique	Besoin	Critères

Le P de Personnes et les cartographie qui le concernent, sont une des (nombreuses) composantes d'un plan de compte, mais pas le plan de compte lui-même...

Les informations des Personnes doivent être mises à jour régulièrement. Le piège dans la gestion et l'utilisation de tels documents, c'est qu'ils ne soient pas mis à jour de manière dynamique. Mais, pardon d'être cohérent, comme le bon commercial pose régulièrement des questions sur les Problématiques des Personnes, il est totalement en mesure de faire vivre ses cartes. Plus les cartes sont exhaustives et plus notre compréhension du compte est précise et plus on est capable de se différencier en faisant mieux que les autres :

- Identification et prise en compte de mécanismes de pouvoir et d'influence internes.
- Identification de cibles prioritaires et de cibles secondaires (et, le cas échéant, de « hors cible »).
- Détermination précise des messages à faire passer, des moments et des moyens de les faire passer.
- Capacité à avoir une analyse globale et à descendre dans différents niveaux de détail et de précision selon nos besoins.

- Capacité à imaginer et communiquer sur une situation future améliorée adaptée à nos différents interlocuteurs.

La prise en compte de l'axe Personnes permet de se différencier car elle procure une capacité à cibler et orienter notre effort commercial et évaluer l'importance du besoin et de la demande de chacune des Personnes sur les composantes de l'équation de la confiance. Certaines Personnes seront attachées à la fiabilité, d'autres à la proximité, etc...

Notre capacité à faire la différence provient de la qualité de ce travail de recensement et d'analyse, et aussi de la qualité de son utilisation opérationnelle dans notre processus de vente.

3.3 Le Processus

Le processus qui nous intéresse c'est celui du client. On doit en l'occurrence répondre à 2 questions :

- Quel est le processus d'achat de mon client ?
- Comment puis-je aligner mon processus de vente sur ce processus d'achat ?

Toute personne en situation de vente BtoB peut constater les évolutions suivantes dans le processus d'achat :

- Un nombre grandissant d'intervenants. Il a plus que doublé entre 2014 et 2022, passant de 5,4 à 11,4 personnes en moyenne (source : CEB 2016, Gartner 2019, Raconteur 2022).
- Une technicité de plus en plus élevée. Tellement élevée parfois que cela invalide certaines procédures.
- Un délai de prise de décision rallongé. Les décisionnaires se décident de plus en plus tard.

Le processus d'achat classique passe par 5 étapes :

Chacune des étapes doit faire l'objet d'un examen approfondi pour comprendre les mécanismes qui sont à l'œuvre chez nos clients.

Étape	Objet
Besoin latent	Le client reconnait l'existence d'une Problématique, d'une opportunité ou d'une exigence.
Définition du besoin	Examen global de la situation et définition d'un cahiers des charges.
Définition de la solution	Description de la solution optimale.
Évaluation des alternatives	Le client évalue les fournisseurs et les alternatives.
Évaluation du risque	Identification des risques et des moyens de les diminuer.

L'objet de cette partie n'est pas de dérouler une liste exhaustive d'outils pour mener à bien ce travail, mais d'insister sur la nécessité de trouver des moyens de « coller » à nos clients. Au fil des étapes, le commercial doit connaitre l'évolution et la place relative des composantes de la démarche : le prix, le risque, la solution, le besoin.

Comme le montre le graphique ci-après, l'importance de chaque composante du processus d'achat varie selon l'étape du processus.

Évolution de l'importance des critères selon les étapes du processus d'achat

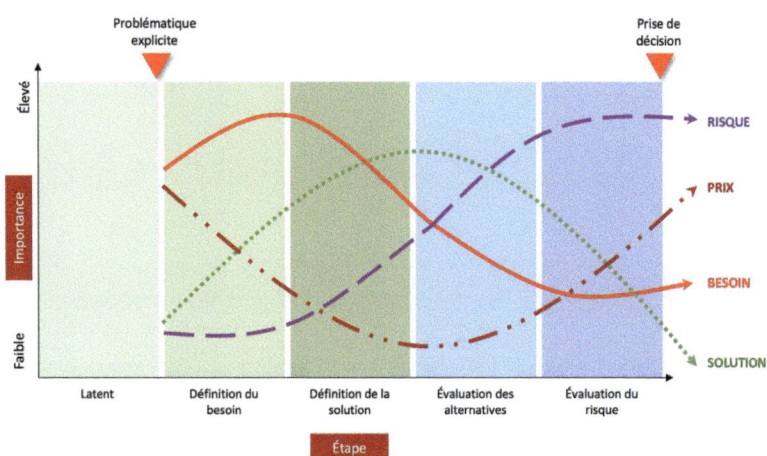

L'erreur que l'on rencontre couramment chez les commerciaux est leur croyance dans le fait que la composante prix a toujours la même importance tout au long du processus et qu'elle est la plus élevée au moment de la prise de décision.

Ce graphique n'est pas une preuve, il est une proposition empirique qui décrit des phénomènes observables en entreprise.

Dans la phase de latence, il n'y a par définition pas de critère particulier exprimé. On voit que par la suite dans les 4 autres phases, l'importance de chaque critère évolue :

- L'importance de la variable risque ne fait qu'augmenter tout au long du processus
- Le prix est important au début (budget), s'efface quand on parle de besoin et de solution, puis remonte dans la décision finale.
- Le besoin est au plus haut en début de cycle puis perd de l'importance jusqu'à la fin.
- La solution, c'est-à-dire le rendu attendu ou encore, le

besoin environnementé avec toutes les composantes du projet, est peu importante au début du processus, est au centre des discussion au milieu du process puis passe au second plan lors de la prise de décision.

Au moment de la prise de décision on a critère :

1. Le plus important   : LE RISQUE
2. Important, mais inférieur au 1.:   : LE PRIX
3. Importance très relative   : LE BESOIN
4. Le moins important   : LA SOLUTION

Cette hiérarchie peut en surprendre certains. Pourtant, un client ne cherche pas que du prix. Cette situation est rare. Car on ne peut en fait pas décorréler le prix de ce qu'il représente et de ce qu'il contient. Cela fait dire à certains que « *le pas cher coûte cher.* » Le critère du prix devient trop important et dangereusement pénalisant quand les fournisseurs potentiels ne peuvent pas être départagés sur d'autres critères. Autrement dit, si aucun ne se différencie suffisamment. Se différencier, je le disais, n'est pas une fin en soi, c'est un moyen de décentrer le client du sujet du prix, et de sortir du lot dans un panel de fournisseurs.

C'est par un travail de fond régulier que le commercial interagit avec ses clients et prospects pour accompagner les processus d'achat. C'est par la prise en compte de l'importance des critères dans les différentes phases qu'il cible ses actions : prise d'information, fourniture d'information, influence, conseil, écoute, argumentation, négociation, etc...

La problématique générique d'un client est d'identifier et limiter le risque. C'est là que notre fiabilité est utile. Pour le client, le risque est ici de 2 natures :

- Le risque du non changement, d'une part,
- Le risque d'erreur dans la sélection du fournisseur, d'autre part.

Rappelons qu'un risque n'est pas un danger. Le premier a trait à la potentialité de survenance d'un aléa, le second caractérise « *ce qui menace l'existence ou la sûreté de quelqu'un ou de quelque chose.* » (Le Robert). Le risque existe jusqu'à la prise de décision, la zone de danger débute après la prise de décision, lorsque la solution est mise en œuvre. Ainsi :

décision ⇔ risque
solution ⇔ danger

et à l'inverse par la négative :

pas de décision ⇔ pas de risque
pas de solution ⇔ pas de danger

L'action tactique (considérons la tactique comme étant l'adaptation de la stratégie à l'évolution de la situation) du commercial doit prendre en compte ce facteur, cette bascule de la zone de risque vers la zone de danger. On voit parfois même des clients modifier significativement leur comportement et leur attitude lors de ce basculement. Passer du « simple » risque au danger renvoie certaines parties prenantes à des considérations (Problématiques) qui augmentent leur stress, notamment par la diminution importante de leur pouvoir, c'est-à-dire ici de leur capacité à maitriser le processus.

Cette bascule du risque au danger est logique, et il est normal qu'elle engendre des changements.

Du côté du commercial, la prise de commande constitue généralement une victoire. Elle peut aussi constituer un mélange de stress/excitation lié au fait tout d'abord que l'on veut que ça se passe bien dans la réalisation de cette commande, mais aussi du fait que l'on prend parfois des commandes sans trop savoir comment on va bien pouvoir les servir. C'est notre cuisine interne dont le client ne doit, bien entendu, pas avoir connaissance. Dans la phase suivant la prise de décision, le pouvoir du commercial a tendance à se modifier. Il n'a plus la main sur le process, ou tout du moins pas en tant qu'acteur principal. La réalisation de la commande est la plupart du temps confiée à d'autres intervenants : achats, logistique, production, etc... On voit d'ailleurs certains commerciaux qui, par affinités ou stress (voire manque de confiance dans leurs collègues), prennent beaucoup de temps pour le suivi des commandes de leurs clients. Cela peut se comprendre dans des contextes spécifiques (demande explicite du client, importance particulière de la commande, etc...) ; mais ne saurait être la règle. Cela est moins acceptable quand on constate que ce qui motive le commercial à passer du temps à accompagner la réalisation de sa commande est en fait un refus implicite d'assumer les aspects de son rôle qu'il n'aime pas. Je pense ici notamment à ces commerciaux qui, a tort, affirment ne pas avoir le temps de prospecter (comme je l'évoquais en partie 1.3 Un commercial ça fait quoi ?).

Du côté du client, la passation de commande constitue une étape de son process d'achat qui renvoie à cette acception du mot confiance que j'évoquais auparavant : « le sentiment de quelqu'un qui se fie entièrement à quelqu'un d'autre, à quelque chose. » Tout est dans le entièrement. Car ça n'est en effet pas vraiment le cas. Pour juguler le « entièrement » et garder un certain contrôle sur la marche en avant de la relation, certains clients incluent dans le deal des éléments de suivi. Cela prend a minima la forme de points réguliers suivis de comptes-rendus, mais aussi, et c'est de plus en plus fréquent, du suivi commun d'indicateurs clés de performance (Key Performance Indicators – KPI), souvent agrégés dans des tableaux de bords assez indigestes pour nombre de commerciaux. Cela renvoie aussi à la notion, omniprésente dans cet ouvrage, d'information. Le bon fournisseur, et avec lui le bon commercial, est celui qui est capable de gérer les flux d'information demandés par le client, et avec cela de réduire le risque et diminuer le danger par l'anticipation des situations problématiques grâce aux enseignements issus des tableaux de bord.

Relation client : zone de risque et zone de danger

Le risque précédant le danger, c'est le risque que les entreprises veulent minorer. Cela en amène certaines à ne pas changer ou à n'opérer que des changements de type 1 mineurs, exprimant par-là de la peur ou de la résistance au changement. Dans ces cas, le job du commercial est d'amener son client à déterminer une situation future améliorée dans laquelle il serait, bien entendu, le fournisseur idéal et si possible unique. D'où la nécessité, et je l'espère, l'évidence du fameux travail de fond régulier.

Les entreprises acceptant le changement du type 2 nécessiteront une approche différente car il ne faut pas les convaincre de changer, mais plutôt de nous englober dans leur réflexion et processus de changement. Un changement structurel peut être à ce point impactant qu'il peut entrainer une remise en question de la situation existante et avec cela l'exclusion des fournisseurs en place. À l'inverse, si l'on n'est pas encore fournisseur, cela peut représenter une belle opportunité. Encore faut-il être là au bon moment... D'où le fameux travail de fond régulier (*bis repetita*).

Le commercial doit donc se différencier par sa capacité à faire identifier, accepter et chiffrer le risque de non changement ou de changement non pertinent. Le chiffrage du problème, du « caillou dans la chaussure », sera opportunément utilisé plus tard pour relativiser ou minimiser l'impact du coût de ce que nous vendons.

Imaginons par exemple un commercial qui vend des prestations de travail temporaire. Il rencontre un prospect qui l'informe (grâce à la qualité de la découverte) que pour faire face au pic d'activité de fin d'année, il a l'habitude de recruter des CDD en direct auprès des enfants et des proches de ses employés et que ces CDD ne sont pas à la hauteur de ses attentes car :

- Ils n'ont pas la productivité attendue à cause d'un manque de formation et de motivation.
- Il y a une recrudescence des accidents du travail car ces personnels ne respectent pas les normes et les gestes de sécurité sur leurs postes.
- Il y a de l'absentéisme.

Le job du commercial dans ce cas est de mettre une valeur sur les conséquences de ces constats, de les chiffrer. Si son client ne l'a pas fait (politique de l'autruche ou inconscience), le commercial doit faire une approche précise de ce coût. L'idée est de dire ou faire dire : voilà ce que vous coûte tous les ans votre recrutement de CDD en direct. Admettons : 10.000€ au total. Il est alors clair que cette information sera utilisée plus tard par le commercial pour minimiser le coût de la prestation de travail temporaire lorsqu'il présentera son devis. Admettons que le coût de la prestation soit de 7.800€. Il ne faut pas être un génie pour comprendre que le client économisera :

- $10.000€ - 7.800€ = 2.200€$
- Du temps et de l'énergie en interne sur sa chaine de

production car il n'aura pas à résoudre des problèmes qu'il n'aura plus.
- Du temps et de l'énergie en externe car il n'aura plus à justifier des problèmes de délai de livraison ou de qualité à ses clients (ou toutes autre conséquence commerciale que ses problèmes de personnels avaient sur ses clients)
- Le montant des éventuelles, et assez inévitables, remises qu'il doit faire à ses clients pour tenter de les dédommager des autres problèmes.

Le rôle du commercial est d'identifier les moments du processus d'achat de son client où il pourra avantageusement obtenir de l'information sur la *Pain*, la Problématique. À la fois la nature de la Problématique, mais aussi ses manifestations, sa fréquence, ses conséquences financières, commerciales (pour ne pas dire dégâts), ou encore humaines ou motivationnelles. Il devra questionner son client sur sa perception de cette situation, sur les solutions qu'il a peut-être déjà mises en place et leur efficacité, sur les raisons qui font que, malgré ces solutions, le problème n'est pas résolu.

Le commercial doit creuser ! Poser des questions, encore et encore.

Voilà qui renvoie au « 1.3 Un commercial ça fait quoi ? » Un commercial qui déclare ne poser que 5 ou 6 questions en découverte, ou consacrer à cette phase seulement quelques minutes, est un commercial qui a besoin d'aide. Vite ! Et d'ailleurs, la réponse à la question du nombre de questions posé pendant la phase de découverte (ou du temps accordé) donne un indice assez probant de la mentalité et la qualité de la méthode du commercial.

Ce travail d'accompagnement et d'alignement de notre processus de vente sur le Processus d'achat du client conditionne la perception que ce dernier a du commercial, c'est-à-dire en d'autres termes : son **statut**. Cette pratique doit servir au commercial à bâtir son statut auprès des interlocuteurs qu'il a chez son client. Une perception très positive du commercial par son client procure à celui-ci un statut élevé. Le commercial dans ce cas est perçu comme présentant une forte capacité à résoudre le problème du client.

Le client n'achète pas ce que l'on vend, mais notre manière de le vendre. Si notre manière de vendre nous permet d'être perçu comme pouvant sérieusement résoudre le problème du client, alors nous nous différencions et réduire ou maitriser le risque. Et notre prix en devient relatif.

Confrontées à une obligation de changement les entreprises mettent en place des processus d'achat de plus en plus sophistiqués et contraignants pour limiter le risque et anticiper le danger. Elles se bordent de tous les côtés et se bordent d'autant plus que les enjeux sont importants. Le commercial doit incarner l'idée d'un risque maitrisé pour ses clients et prospects grâce à sa capacité (et avec lui, celle de son entreprise) à transmettre de la **fiabilité**. Appliquée au délai de livraison par exemple, cela fait dire que ça n'est pas le délai qui compte, mais le respect du délai. Notre fiabilité est la conséquence de nos actions, de notre capacité à tenir nos engagements et nos promesses. Cela concerne des aspects purement relationnels (ponctualité, précision, « dire ce que l'on fait, et faire ce que l'on dit »), mais aussi, en matière de réalisation de commande ou d'un contrat, le fait que la qualité conçue corresponde à la qualité attendue, et qu'au final la qualité perçue soit à la hauteur de la qualité rendue.

Le processus dit « d'achat » auquel le commercial doit coller inclut donc des phases très amont de la prise de décision, et aussi en aval de cette décision. Son nom : le parcours client.

Le parcours client

À ce stade, on peut constater que le commercial peut intervenir dans de nombreuses phases du cycle d'achat, et qu'il possède un nombre intéressant d'outils et de leviers pour parvenir à ce résultat : confiance, influence, pouvoir, connaissance des comptes par les 3 premiers axes.

Le sujet se déplace alors sur l'environnement du commercial interne car, sauf à être auto-entrepreneur, le commercial n'agit pas seul. Il intervient pour le compte d'une entreprise qui fournit et parfois fabrique ce qu'il vend. Il y a vis-à-vis du client une responsabilité d'entreprise qui suggère une solidarité d'entreprise. Dans un monde idéal, l'entreprise fait toujours bien son métier. Elle livre à l'heure le produit commandé dans la qualité et la quantité commandées. Autrement dit, la qualité rendue et la qualité perçue sont toujours parfaites. Dans un monde idéal j'ai dit.

Dans la réalité, ça n'est pas toujours le cas (et pour certaines entreprises c'est toujours le cas, ou ça n'est toujours pas le cas, pour jouer avec notre langue). La zone de danger, celle qui suit la décision d'achat, porte souvent bien son nom. Retards, défaillances, pertes, manque d'information, déception, ne sont pas des exceptions. Le client est face à des irritants qui ternissent la perception qu'il a de son fournisseur, et avec lui, de son commercial.

Le commercial est alors dans l'obligation d'assumer les bévues, manques, erreurs, bêtises, parfois trahisons de son entreprise. Il faut une sacrée force de caractère pour faire cela et le faire dans la durée. Ce facteur explique une partie du turn-over dans les forces de vente. Les commerciaux partent parce que leur employeur n'est pas à la hauteur de sa promesse client et, dans un monde où la contrainte est de plus mal vécue et évitée, les commerciaux refusent de prendre les coups à la place des autres. Le commercial *punching ball* devient le commercial fusible.

Qui n'a jamais entendu la tirade suivante d'un client déçu vers Thierry le commercial :

« *Non mais Thierry, je sais que c'est pas de ta faute si les mecs ont livré la marchandise avec 3 semaines de retard. Mais comprends-moi, ça craint.* »

Ou encore :

« *Thierry, y'a intérêt à ce que les mecs se bougent chez toi sinon leur paiement ils vont se le rêver.* »

Bévues, manques, erreurs, bêtises, parfois trahisons, engendrent forcément des interprétations comme de la suspicion, des procès d'intention, et des sentiments de manque de contrôle, de problème évitable, d'approximation, d'improvisation, d'amateurisme, d'échec, de mensonge ou de manipulation, qui se transforment en émotion de surprise, colère, peur ou dégout. Rarement de la compréhension, de la compassion ou de la coopération. Ou un temps seulement.

Émotions qui, nous l'avons vu, en tant que *réactions endogènes psychophysiologiques à un stimuli externe,* présentent un début brutal et une durée courte, mais qui peuvent être répétées si celui qui vit l'émotion est régulièrement mis en présence du stimuli externe qui, chez lui, déclenche l'émotion.

Voici une liste de déclencheurs

Comportement passif-agressif	Silence défensif
Plaintes	Ne pas être vu ou entendu
Pleurs	Manipulation
Reproches	Hypocrisie ou mensonge
Critique ou jugement	Tristesse ou mélancolie
Frustration ou irritation	Insatisfaction ou désespoir
Inquiétude ou nervosité	Sarcasme
Colère	Tempérament très tendu ou
Mentalité de victime	intense
Attitude suffisante	Arrogance
Attitude agressive ou hostile	Vanité
Besoin de plaire	

(source : strategiesdesantementale.com/resources/declencheurs-emotionnels)

Résultat d'une interaction entre l'environnement et le monde interne, l'émotion découle d'un constat entre la promesse du fournisseur par la voix du commercial, d'une part, et la réalisation d'autre part. Si les deux sont en congruence (écart nul ou acceptable selon des critères objectifs et/ou subjectifs), l'émotion aura toutes les chances d'être la joie ; si c'est autre chose (écart important, ou pénalisant, voire même dangereux), on obtient une émotion dite « négative » : surprise, colère, peur ou dégout.

Au final, on voit donc que le commercial doit :

- Connaitre le processus d'achat de ses clients et prospects.
- Aligner son processus de vente de ces processus d'achat.
- Assumer la relation client pré et post décision d'achat.
- Accepter une perte de contrôle et donc une perte de

pouvoir dans la relation post décision d'achat.

Sport de haut niveau avez-vous dit ? Assurément !

Mais avec tous ces éléments, le commercial est, normalement en situation de produire une proposition commerciale décisive.

3.4 La Proposition

4ème et dernier axe d'une approche client différenciante, la Proposition est le document qui découle du travail du commercial et qui engage l'entreprise du commercial.

Ce document prend des formes diverses selon le type de vente. De simple devis, à réponse à appel d'offres public sous enveloppe anonyme, en passant par une étude, un contrat, une offre acceptée, la Proposition est le pivot entre la découverte et l'argumentation (ou soutenance).

La Proposition c'est notre visa pour la suite, c'est toutes les bonnes raisons pour que le client achète et achète chez nous. Elle doit être la conséquence logique des phases qui précèdent sa conception et sa rédaction, et la prémisse attendue de ce qui suit. Sa **cohérence** tient dans sa propension à exprimer ce qui a été évoqué jusqu'à lors. Son **intérêt** tient dans sa faculté à procurer une valeur ajoutée. Son **atout** tient dans sa capacité à se différencier. La Proposition idéale, c'est celle que le client attend, celle qu'il souhaite, qu'il espère.

3.4.1 Concevoir la Proposition

La Proposition sera attendue si elle est perçue comme étant une étape logique et nécessaire d'un processus d'achat. En effet, au moment de la conception et la rédaction de notre Proposition, nous disposons d'une masse d'informations, d'indices et de connaissances importante. Les axes Problématique, Personnes et Processus ont été utilisés et cela nous place en position idéale.

Nous savons :

Axe	1 La situation actuelle	2 La situation recherchée
Problématique	L'ensemble des Problématique est connu, ainsi que les besoins et critères qu'elles génèrent.	Quelle est la situation visée et pour quelles raisons.
Personnes	L'ensemble des intervenants est cartographié.	Qui est concerné par la situation visée et quel est son rôle dans la décision d'achat.
Processus	Notre connaissance du Processus d'achat nous permet d'aligner notre processus de vente.	À quel moment et sur quels critères l'achat sera-t-il réputé être finalisé et la demande satisfaite.

Deux approches sont alors possibles.

Approche 1 :

Notre Proposition s'intercale entre les deux situations, c'est elle qui va permettre de passer de 1 à 2, et de passer dans les meilleures conditions, notamment en matière de maitrise du risque. Elle est ici la conséquence d'une analyse en 2 temps identique à celle d'un diagnostic classique.

Dans ce cas, le 3 s'intercale entre le 1 (situation actuelle) et 2 (situation recherchée). Notre Proposition doit faire la démonstration que sa mise en œuvre déclenche de manière effective et mesurable le passage de 1 à 2. Le commercial devra donc préparer son argumentation en ce sens, notamment en s'appuyant et se référant de manière explicite sur les éléments de la découverte : Problématique / besoins / critères.

Axe	1 La situation actuelle	3 Notre Proposition	2 La situation recherchée
Problématique	L'ensemble des Problématique est connu, ainsi que les besoins et critères qu'elles génèrent.	Prend en considération l'ensemble des Problématiques, permet de résoudre le(s) problème(s), d'enlever la *Pain*.	Quelle est la situation visée et pour quelles raisons.
Personnes	L'ensemble des intervenants est cartographié.	Impacte toutes les parties prenantes qui doivent l'être, directement ou indirectement.	Qui est concerné par la situation visée et quel est son rôle dans la décision d'achat.
Processus	Notre connaissance du Processus d'achat nous permet d'aligner notre processus de vente.	Arrive bon moment et de la bonne manière	A quel moment et sur quels critères l'achat sera-t-il réputé être finalisé et la demande satisfaite.

Approche 2 :

On peut cependant aussi imaginer que la Proposition n'est pas le pivot entre 2 situations, mais ce qui permet justement d'imaginer la situation recherchée. Partant de la situation actuelle, elle projette le client vers une situation future améliorée. Notre proposition, et avec elle notre argumentation, permet, excusez la simplicité arithmétique, que 1 +2 = 3.

Cette approche sera plus adaptée aux situations dans lesquelles le client (ou prospect) n'est pas en capacité de définir assez précisément la situation recherchée. La notion de conseil sera alors une donnée importante de l'accompagnement du commercial, et avec elle un levier d'influence. De plus, l'expression de la composante Crédibilité de l'équation de la confiance prendra une importance particulière car elle permettra au commercial de mettre en avant le fait qu'il sait de quoi il parle et qu'il possède l'expertise nécessaire.

Axe	1 La situation actuelle	2 La situation recherchée	3 Notre Proposition
Problématique	L'ensemble des Problématique est connu, ainsi que les besoins et critères qu'elles génèrent.	Quelle est la situation atteinte grâce à la proposition et sous quelles conditions.	Prend en considération l'ensemble des Problématiques, permet de se projeter vers une situation future améliorée.
Personnes	L'ensemble des intervenants est cartographié.	Quel bénéfice retire chaque Personne identifiée dans le Processus.	Impacte toutes les parties prenantes qui doivent l'être, directement ou indirectement.
Processus	Notre connaissance du Processus d'achat nous permet d'aligner notre processus de vente.	Quel bénéfice retire l'organisation et dans quelles conditions, notamment de risque, la situation recherchée sera atteinte.	Décrit une série de caractéristiques et d'avantages

L'entreprise et son commercial ont le choix entre les 2 approches. Ce choix se fait sur des critères qui peuvent varier selon le type de clientèle et les segments de clientèle, mais aussi en fonction des capacités de l'entreprise au moment de la remise de la Proposition.

3.4.2 Produire la Proposition

La Proposition, quelle que soit sa forme, doit être perçue de manière attractive par son destinataire. Si elle est un document parmi d'autres, la $n^{ième}$ « propale », nous ne faisons pas la différence. Produire une bonne proposition conjugue 3 critères bien équilibrés :

La VALEUR d'une proposition tient dans l'importance qu'elle revêt pour le client. Bien sûr, toutes les propositions que l'on transmet à nos clients n'ont pas toutes une importance élevée, elles ne sont pas de nature à « changer leur vie », elles revêtent des enjeux différents selon les situations et les contextes. Certaines sont presque des formalités, simple étape dans un processus d'achat simple en gré à gré. Le fil rouge c'est que **la valeur de notre Proposition doit au moins être égale à la valeur de la Préoccupation de la Personne.** Sous réserve, bien sûr, de connaitre la Préoccupation (je suis à peine ironique).

La DIFFÉRENCE renvoie à l'idée que la Proposition doit être **à l'image de la relation** que l'on a avec le client et de la posture que l'on a. Nous l'avons vu, le commercial a de multiples moyens de se différencier, et se différencier n'est pas une fin en soi mais un moyen. Ainsi la Proposition que nous transmettons à notre client doit être à l'image de la relation que nous avons bâtie avec lui et du niveau de différentiation que cette relation suggère. Question de cohérence. Un commercial qui joue beaucoup sur la différenciation se doit de faire une Proposition fortement différenciante. Le fait de se différencier est une promesse faite au client et ce dernier ne comprendrait pas que le document qui vous engage vis-à-vis de lui ne soit pas lui aussi différenciant. Cela peut générer une espèce de « tout ça pour ça » qui pourrait impacter négativement l'image du commercial et ébranler la confiance du client à cause d'une crédibilité et/ou fiabilité qui serait dégradée.

La FIABILITÉ est une composante fondamentale de la qualité d'une Proposition. Pour faire passer la Proposition du stade de promesse à celui de d'engagement, celle-ci doit être perçue comme « pouvant fonctionner sans défaillance ». Aussi attractive soit-elle, la Proposition doit être accompagnée d'éléments qui démontrent qu'elle est de nature à **maitriser ou à minimiser le risque**. Dans un contexte où l'offre est surabondante, l'acheteur a en général le choix entre plusieurs fournisseurs. Le commercial doit donc être capable, au-delà des affinités qu'il a avec son client, de son travail relationnel de fond, et de la force du lien qu'il a avec son client, de prouver ce qu'il écrit et d'apporter des éléments qui attestent du fait que la Proposition, si elle est acceptée, permettra réellement d'atteindre la situation future améliorée attendue par le client.

Certains métiers ou certaines activités permettent de produire des documents de preuve assez facilement : tests en laboratoire, essais cliniques, essais sur le terrain, échantillons, références (sauf à être en phase de décollage ou de lancement de produit), enquêtes, sondages, visites de sites, preuve sociale, et plus généralement tout produit. C'est plus compliqué lorsqu'on vend une idée, un service ou un concept.

Pour illustrer cela, je vous propose de revenir sur le cas de ma mission liée au « category management » évoquée dans la partie 2.3 sur le pouvoir.

En complément du volet formation classique, cette mission avait une continuation sous la forme d'un coaching opérationnel qui consistait en un accompagnement des commerciaux (Chef de Secteurs, ou CS) sur le terrain. Leur mission était de vendre à leurs clients (Chefs de rayon, Chef de département ou Directeurs de magasin) le concept du « category management ». Cela revenait à inciter les clients à organiser leurs rayons différemment en appliquant les principes du concept. Les 5 CS que j'accompagnais sur le terrain étaient plutôt performants. Mais l'un d'entre eux est sorti du lot en faisant une chose différenciante. Il a mis au point des éléments faisant la preuve que le concept était efficace, en compilant des données vérifiables (les « sorties de caisse ») d'un magasin qui avait mis en place le concept, et les a organisées en 2 tableaux distincts. L'un montrant les sorties de caisse (c'est-à-dire les données collectées lors du passage des consommateurs en caisses) *avant* la mise en place du concept, et l'autre montrant les mêmes indicateurs *après* la mise en place du concept. La différence chiffrée était flagrante et prouvait que le concept boostait les ventes. Le CS sortait ces documents à un moment opportun du rendez-vous (après une découverte, méthodique et un argumentaire cohérent) et les proposait à ses interlocuteurs. Autant dire qu'ils s'arrachaient ces données et qu'ils avaient tendance à donner beaucoup de crédit au discours du commercial et à rapidement adopter le concept.

Ce que ce commercial a fait est à la portée de toute personne qui a une ambition. Convaincu du bien-fondé de sa démarche auprès de ses clients, il a fait preuve d'imagination pour se différencier à la fois de ses collègues et de ses concurrents. L'effet sur ses clients s'est apparenté à un accélérateur. Le concept était bon, mais certains clients montraient quelques résistances au changement. En produisant ces éléments de preuve, le commercial a contribué à accréditer la réalité et le bénéfice potentiel de la situation future améliorée et donc à déclencher le changement.

Convaincre se base sur la capacité de celui qui veut convaincre à faire adhérer celui qu'il veut convaincre que le changement qu'il propose (type 1 ou 2) procurera un bénéfice. L'avantage c'est ce qui améliore la situation, le bénéfice c'est qui reste au client après l'achat, ce qui perdure. Et c'est ça qui est important.

La Proposition que l'on fait à notre client doit être accompagnée des éléments nécessaires à sa crédibilité. En disant cela, je ne dis, il faut bien le reconnaitre, pas un truc de fou. Cela parait, même être la base. Sauf que l'on s'aperçoit dans la réalité que beaucoup (trop) de commerciaux ne le font pas. J'ai le cas dans des groupes de formation, de commerciaux qui déclarent faire plusieurs rendez-vous avec leurs clients, mobiliser de l'expertise, leur trouver des solutions à des problèmes importants, et qui au final... envoient leur Proposition par mail.

Quel gâchis !

Ce côté « bouteille à la mer » est à proscrire !

Cela faisait d'ailleurs dire à leur patron interrogé sur le sujet : « *Loin des yeux, loin du cœur. Il n'est pas envisageable de ne pas aller soutenir notre Proposition chez le client. C'est aussi comme cela que l'on se différencie.* »

C'est comme pour la prospection :

La raison invoquée ? « Pas le temps » ou « J'ai toujours fait comme ça et ça marche »

Les vraies raisons ? Peur de ne pas savoir faire la différence, peur que le client ne consacre pas de temps à ce rendez-vous, peur de ne pas savoir gérer les objections, orgueil mal placé, manque d'ambition, peur de changer, manque d'organisation,....

La vérité ? L'argumentation et la soutenance sont incontournables. Elles sont une donnée objective consubstantielle du développement commercial.

Ne pas faire d'argumentation, de présentation ou encore de soutenance c'est :

- Ne pas se donner tous les moyens de transformer.
- Se couper des questions et objections prévues ou imprévues du client.
- Diminuer la confiance en diminuant notre Crédibilité et notre Proximité.
- Laisser le champ libre aux concurrents qui le font.

Certains, pour justifier le fait qu'ils ne font pas de soutenance invoquent le refus du client à les rencontrer. Foutaises ! Un client qui a un problème et qui vous demande de lui trouver une solution doit avoir le temps et le besoin de vous recevoir pour que vous lui explicitiez cette solution.

Imaginez la tête de votre médecin qui vient de vous ausculter à qui vous diriez lorsqu'il veut vous faire part de son diagnostic et du traitement qu'il veut prescrire : « Non mais toubib, j'ai pas le temps, vous m'enverrai vos papiers et je verrai ce que je ferai... »

Comme disait un célèbre chien en bande dessinée dans les années 80 : « Pas glop ! »

La maxime que l'on peut appliquer à ce sujet : « *Un client qui n'a pas de temps à nous accorder, on n'a pas de temps à lui accorder.* » Un peu simpliste et à creuser bien sûr, mais pas dénuée de bon sens.

Notre Proposition est le bras armé de notre relation au client. Elle vaut quelque chose, elle a une valeur. Elle est le résultat de notre temps et de notre expertise. Elle est le résultat d'un travail qui peut être collectif, qui mobilise des ressources et des savoir-faire en interne et parfois en externe (conseil, bureau d'études, tests, examens, etc...). Alors, quel commercial sérieux et ambitieux peut justifier de la brader en l'envoyant par mail ?

Plutôt que de se poser des questions sur comment faire passer ma Proposition alors que la réponse est, nous venons de le voir, connue (au moins pour l'immense majorité des cas de figure) ; il vaut mieux se demander comment je fais pour prouver la fiabilité de ma Proposition. Car en répondant à cette question, on ne peut pas imaginer ne pas « convoquer » le client pour lui démontrer la valeur, la différence et la fiabilité de notre Proposition. J'emploie le terme démontrer, mais l'on pourrait aussi dire : faire constater, car une Proposition qui possède les 3 caractéristiques recherchées ne peut qu'être fortement attendue par celui à qui elle s'adresse.

Conclusion

La méthode 4 P prend toute sa dimension quand elle est portée par la confiance (certains d'ailleurs intègrent la confiance dans la méthode en créant un 5ème P).

Sans être innovante par essence, la méthode réhabilite les fondamentaux d'une démarche commerciale globale qui place le commercial dans les meilleures conditions pour performer pour lui-même et pour son organisation.

POUR FINIR

Écrire un livre c'est entre autres tenter de transmettre quelque chose au lecteur, de partager avec lui. Ces pages n'ont donc pas pour objet de fournir des méthodes clés en main simples et accessibles au tout venant. D'autres l'ont fait avant moi, et très bien. Mais c'est parce que je suis convaincu, pour l'avoir pratiqué et pour l'observer dans mes coachings et mes formations, de la nécessité de donner du sens à la fonction de commercial, que je délivre ma vision de ce qui constitue cette démarche dans son contenu et sa finalité.

La vente est un sport de haut de niveau. Faut-il encore argumenter ? Et si l'on est d'accord avec cette assertion, alors on est aussi d'accord sur l'utilité de définir entre managers et commerciaux un cadre de travail qui encourage la mise en œuvre commune d'éléments qui ont du sens pour l'ensemble des intervenants. Pas plus qu'il n'y a pas un seul profil de commercial, il n'y a qu'une seule façon de concevoir ce management. Car au fond, tout service commercial est à l'image de son Dirigeant.

J'espère que ces lignes nourriront la réflexion du lecteur et contribueront à ouvrir son champ d'investigation, et avec lui le champ des possibles.

* : voir du même auteur « Évaluer son portefeuille clients » (2019)

Note :

Les définitions lexicales proposées dans cet ouvrage proviennent essentiellement des sources suivantes :

- Dictionnaires en ligne : Le Robert, Larousse
- Wikipédia
- Site internet CNRTL : https://www.cnrtl.fr/definition/

Les illustrations présentes dans cet ouvrage sont des créations originales de l'auteur. Sauf page 64, 123, 133, 138 et 182.

Du même auteur :

« Gérer un réseau de commerce organisé » (2014)

« Évaluer son portefeuille clients » (2019)

« Nous sommes les gilets orange - Une histoire de la Banque Alimentaire de Bordeaux et de la Gironde » (2019)

« #YADELAVIE » (2020)

Typographies :

Titre : RaveParty
Sous-titre : Arial
Texte : Georgia